Kurt Scheel – Ich & John Wayne

Kurt Scheel, geboren 1948, ist Mitherausgeber der Zeitschrift »Merkur«.

Edition
TIAMAT
Deutsche Erstveröffentlichung
Herausgeber:
Klaus Bittermann
1. Auflage: Berlin, 1998
© Verlag Klaus Bittermann
Grimmstr. 26 — 10967 Berlin
Druck & Buchbindung: Litosei s.r.l., Bologna
Buchumschlag unter Verwendung eines Filmplakats
zu »El Dorado« mit John Wayne und Robert Mitchum
ISBN: 3-89320-012-6

Kurt Scheel

Ich
& John Wayne

Lichtspiele

**Critica
Diabolis
74**

**Edition
TIAMAT**

INHALT

Genrekino

Zu frei für dich. Hundert Jahre Genrekino	9
Zur Höhle mit Platon. Die Erwachsenen und das Kino	12
Führ sie nach Missouri, Matt! Über Western	16
Erst verkannt, aber dann! Die ehernen Gesetze des Biopic	19
Damen gegenüber höflich. Lob des Rittertums	24
Gemütlicher Schrecken. Edgar-Wallace-Filme im Kontext	28
Der edle Einheimische. Eric Rohmers Quasselfilme	35
Dunkelgrau gegen Schwarz. Dialektische Verteidigung des Polizeifilms	39
Nicht dem Humanum verpflichtet. Über Lachfilme	43
Die Vorzüge der Enten, Katzen und Mäuse. Zeichentrickfilme	47
Heaven, I'm in heaven. Das Musical und die Aufhebung der Schwerkraft	51

Lichtspiele

Bekenntnisse eines Videobauern	57
Fügt ein, stellt um: der Produzent	60
König der Peniden: James Cagney	63
Zauber des Wohlklangs. Zur bedenklichen Funktion der Filmmusik	66
Ein Name, den man sich nicht merken muß: Wendell Corey	70
Ein Denkmal fürs Rädchen	73
Lean Production oder England, du hast es besser	76
Antwort auf die Frage, ob Kinder im Film immer abscheulich sind	79
Das sehr offene Geheimnis des Zirkusfilms	82
Und wieder quillt die Träne. Überirdische Filmanfänge	85
Zeigt seine Nase. Ein Prosit auf W.C. Fields	88
Und ewig lockt das Weib. Eine Registerarie	91
Ein ziemlich zuverlässiger Weg, Kinoenttäuschungen zu entgehen	94
Alleine oder mit Freunden ins Kino gehen? Eine Aporie	97
Mörderisches Märchen, sicherer Alptraum. Charles Laughtons »The Night of the Hunter«	100

Poesie des Titels. Rückblick auf eine große Vergangenheit	104
Eigentlich sind Männer eine gute Idee. Die Botschaft des Cary Grant	107
Warum man mit freudiger Erwartung in die Zukunft schauen kann, wenn man noch keine Ozu-Filme kennt	110
Sex, Alkohol und Geschlechterkampf. Zur Vorgeschichte der Gender-studies	113
Verteidigung des amerikanischen Traums. Über Frank Capras »Meet John Doe«	116
Du kannst es, Babe! Multikulturelle Gesellschaft zwischen Utopie und Realität	119
Stinky Miller als Selbstreflexionsepiphanie. Eine kritische Betrachtung von Film-Filmen	122
Wenn Engel sabbern... Ein sehr mutiger Tabubruch	125
Die elf Gebote. Garantierter Kinoerfolg mit Preston Sturges	128
Sentenzchensperenzchen oder Wie man ein Partylöwe wird	131
Shakespearesches Hackfleisch und ödipale Scherereien: That's Entertainment	134

Nörgeleien

Wim Wenders und die Filmkritik	139
Mäkeln am Autorenfilm	145
Greenaway, Wenders und Virilio als Schwadroneure	154
Filmologen- und Kritikerschelte	161
Kunst und Kino	170
Ohne Identifikation läuft nichts	180

Finale

Die Wahrheit der Legende. John Ford und der Abschied vom Western	191
Das Kino auf der Insel im Strom	204
Film-Register	223
Personen-Register	227

Genrekino

Zu frei für dich

Hundert Jahre Genrekino

Das Kino, in dem ich aufgewachsen bin, hieß »Altenwerder Lichtspiele«. Altenwerder, das war das Dorf in der Nähe von Hamburg; daß Lichtspiele kein Name ist, sondern ein schönes Wort für Kino, habe ich als Kind nicht verstanden.

Solange ich zurückdenken kann, bin ich im Kino gewesen. Und da es meinen Eltern gehört, darf ich als erster hineinschlüpfen, sonntags, Viertel vor eins, zur Kindervorstellung. Da gibt es dann Märchenfilme, ich erinnere mich an *Zwerg Nase* und *König Drosselbart*. Oder, das ist schon besser, Dick-&-Doof-Filme, was für uns auch eine Genrebezeichnung ist, aber auch Pat & Patachon oder Abbott & Costello.

Am schönsten ist es jedoch, wenn es Wildwestfilme gibt, so heißt das in den fünfziger Jahren. Fuzzy-Filme natürlich, vor allem aber richtige Western, und die erkennt man daran, daß James Stewart oder John Wayne mitspielen. Mitspielen? Sie sind der Film.

Es hat lange gedauert, bis ich überhaupt begriffen habe, daß der Regisseur wichtig ist für einen Film, daß ich mir seinen Namen merken sollte. Für meine Freunde und mich, Ende der fünfziger Jahre, wenn wir des Filmdiskurses pflogen, reichte es aus, das Genre und den Star zu nennen, um ziemlich genau Bescheid zu wissen. John Wayne und Western; Errol Flynn und Fechtfilm; Jerry Lewis/Dean Martin und Lach-Sing-Film (wobei das Singen während der Kindervorstellung zu größerer Unruhe führte; auch Kußszenen waren äußerst unbeliebt und wurden mit dem höhnischen Zwischenruf »Halbzeit« kommentiert).

In gewisser Weise ist natürlich jeder Film ein Genrefilm. In unserem Kino jedenfalls gab es nur Genrefilme. Krimis, amerikanische, also richtige, aber auch niedliche deutsche wie die Edgar-Wallace-Serie (unvergessen: Stanislav Ledinek). Heimatfilme, von *Der Förster vom Silberwald* und *Grün ist die Heide* bis *Hohe Tannen*, der so schlecht war, daß sich die Eltern genierten, obwohl er gar nicht schlecht lief, geschäftlich. Schlagerfilme, in den Fünfzigern mit der schon damals »unverwüstlichen« Marika Rökk (die lebt immer noch!) *Nachts im Grünen Kakadu*, dann mit Caterina Valente und dem unvermeidlichen Peter Alexander, schließlich Conny und Peter und die supersüße Vivi Bach mit ihrem sinnebetäubenden dänischen Akzent, von der Horrortruppe der Nebendarsteller zu schweigen: Gunther Philipp, Trude Herr, Oskar Sima, Rudolf und Peter Vogel...

Als Genrefilm wurde auch der französische Film an sich (sans phrase) angesehen und für problematisch befunden, wenn er komisch sein wollte: Lustspiele, gab der Vater zu verstehen, gehen in Altenwerder, nie aber »bezaubernde Komödien«. Italienische Filme fielen in der Regel unter das Verdikt »zuviel Dialog«. Ausnahmen waren *Bitterer Reis*, *Und dennoch leben sie* und natürlich *Das süße Leben*: wirklich gute Filme, und trotzdem war das Kino, dreihundert Plätze, rammelvoll; ich hingegen mußte leider draußenbleiben: zu »frei« für dich, lautete die opake, mir aber doch irgendwie verständliche Erklärung.

Genre ist ein schwieriges Thema. Pam Cooks empfehlenswertes *The Cinema Book* nennt und analysiert die Genres Western, Melodrama, Gangsterfilm, Film noir, Horrorfilm und Musical. Als klassische Genres gelten auch Slapstick, Fantasy, SF, Screwball, Thriller, Trickfilm. Und was ist mit Dokumentar- und Experimentalfilm? Zu schweigen von Subgenres wie Ritter-, Piraten- und Bibelfilm – die Schwierigkeit bei der Definition von Genre liegt auf der Hand: Sie ist entweder zu eng oder zu weit. Was mir die Gelegenheit bietet, meine eigenen Definitionen und Dezisionen vornehmen zu können;

keine reinen Willkürakte, sondern eine milde Form von Idiosynkrasien. Eine Folge wird sich mit dem Tanzfilm beschäftigen, eine, unvermeidlich, mit dem Western, aber auch das geheimnisvolle Genre des Quasselfilms wird vorkommen.

Genre und Star, das sind die »basics« des Kinos, damit begann für mich, damit beginnt überhaupt das Sprechen über Filme. Und außerdem hat der Begriff Genrefilm bei Kunstfilmliebhabern bis heute einen schlechten Klang, und das wissen wir zu schätzen. Denn in diesen Zeiten, da der Cineast und Filmolog allenthalben sein greulich Haupt erhebt und mit Studien über »Die Aporie des Narrativen im Frühwerk der Marx-Brothers« oder »Das Mise-en-scène bei Rudolf Thome« droht, ist ein Gespräch über Genres nicht nur kein Verbrechen, sondern nachgerade praktisch täglich Brot.

Zur Höhle mit Platon

Die Erwachsenen und das Kino

Im Anfang war der Genrefilm, und das Genre war der Western – es spricht jedenfalls manches dafür, die Geschichte des Spielfilms mit *The Great Train Robbery* aus dem Jahr 1903 beginnen zu lassen: Das kurioseste, kindischste Genre überhaupt steht am Beginn der Filmgeschichte, und das sollte uns doch sehr zu denken geben. Zum Beispiel, daß Kino und vorschriftsmäßiges Erwachsensein nicht so gut zusammenpassen. Das Naive, Unseriöse, Vulgäre des Kinos im allgemeinen und des Western im besonderen ist offenbar kein Ausrutscher, sondern von langer Hand geplant – das Gesetz, nach welchem das Filmmedium angetreten, bis heute. Dem Lamento, es würden in jüngster Zeit nur noch Filme für Kinder gemacht, ist ruhig entgegenzuhalten: Das war ja immer so!

Ich spreche nicht vom Fernsehen, sondern von Filmen fürs Kino und im Kino: Sie richten sich an Jugendliche (weswegen es im Kino immer auch ein bißchen nach Pubertät riecht). Wenn sich dort also ein Erwachsener einschleicht und wird nicht wieder zum Kindlein – wahrlich, ich sage euch, ihm wird der Kinohimmel für immer verschlossen bleiben.

Wenn das Kino der Ort ewiger Jugend ist, so heißt das nicht, daß es dort schlicht kindisch und albern zugehen muß. Bitte erinnern Sie sich daran, wie clever und smart Sie als Fünfzehnjähriger waren, Ihre Eltern und Lehrer hatten keine Chance, von Ihren genialischen Anwandlungen ganz zu schweigen. Sie waren respektlos und aufsässig, die Predigten der Obrigkeit fielen auf tauben Boden. Um zu wissen, was Kino im emphatischen Sinn ist, müssen Sie sich nur vorstellen, was ein Erwachsener, nett und niveauvoll, schätzt: Das also ist es mit Sicherheit nicht.

Genrefilme haben bei Erwachsenen, also beispielsweise dem Evangelischen Film-Beobachter und der Katholischen Filmkommission (Herausgeber des zehnbändigen *Lexikons des Internationalen Films*!) einen schlechten Ruf: Das ist ja immer dasselbe! Und da Genrefilme erkennbar Konventionen folgen, sind sie eben konventionell, und das ist schlecht. Außerdem zeigen sie so gar kein Interesse am Sehgewohnheiten-, geschweige Weltverändern! Sie sind eigentlich nur eine weitere Perfidie des Kapitals in Gestalt seiner Speerspitze, des menschenverachtenden Studiosystems (»Hollywood«). Die Ausbildung von Genres war und ist nämlich nichts anderes als ein plumper Versuch, Produktionskosten qua Standardisierung zu senken und außerdem zielgenauer die Zuschauer zu erreichen: verschiedene Genres, verschiedenes Publikum – Westernfans gehen ganz selten in Opernfilme (mit Ausnahme von *A Night at the Opera*). Mittels der vorgetäuschten Vielfalt des Genrefilms wird so den lohnabhängigen Massen das sauer verdiente Geld aus der Tasche gezogen!

Auch wenn ich mich über solche Tiraden etwas lustig mache – ganz falsch ist das ja gar nicht, freilich mit einer anderen Pointe fürs Publikum; Genre ist eine Produktgarantie, ein Versprechen: Wo Western draufsteht, da ist auch Western drin.

Genrefilme stehen nicht für sich allein und auf weiter Prärie, sondern in einer langen Reihe, wie ein Wagentreck. Am Zügel der Konventionen – der im Fall des Western eher lang ist – bewegt sich der Genrefilm im Bereich von Wiederholung und Variation. Ein paar Regeln müssen natürlich eingehalten werden: Wenn keine schwarzen und weißen Hüte, Pferde und Revolver vorkommen, handelt es sich wahrscheinlich nicht um einen Western, sondern möglicherweise um einen U-Boot-Film. Wiederholung, Variation, wenn es hoch kommt ein kleiner Regelverstoß – im Unterschied zum experimentierfreudigen Theater sind Western im Frack oder in SS-Uniformen unüblich.

Dieses vorsichtige Verhältnis zu systemüberschreitenden Änderungen ist ein weiterer Grund, warum die Erwachsenen den Genrefilm von oben herab behandeln, denn damit entzieht er sich dem zentralen Kriterium, dem Fetisch der modernen Kunst: Innovation. Die Ernennung zum Kunstwerk aber ist für Erwachsene die wichtigste Möglichkeit, für viele geradezu die Bedingung, sich einem Spiel hinzugeben. Daher ist es für sie so bedeutsam, Filme als Teil der Hochkultur absegnen zu lassen, sozusagen als Absolution dafür, daß sie ins Kino gehen.

Dem Kino, dem Western gegenüber ist solch ein Bierernst, wie er der Hochkultur und den volkspädagogisch tätigen Erwachsenen eignet, besonders unangemessen, ja lächerlich. Es ist doch nur Kino! Etwas für kleine Ladenmädchen und dumme Jungs! Also bitte ganz entspannt bleiben, keine hochtrabenden, angestrengten Reden schwingen und es sich dreimal überlegen, ob nun schon wieder Platons Höhlengleichnis oder das Lacansche Spiegelstadium herbeizitiert werden müssen.

Umgekehrt wird ein Schuh draus: Man sollte die Hochkultur von ihrem Bierernst erlösen und sich klar machen, daß es für einen erwachsenen Menschen ja schon etwas objektiv Komisches hat, einen Roman zu lesen, geschweige in die Oper zu gehen. »It's no good asking me to talk about art.« Dieser Satz John Fords ist Ausdruck von Selbstbewußtsein: Der Genrefilm versteht sich dezidiert als Teil der Populärkultur, und daher fällt es den gutwilligen und bemühten Erwachsenen so schwer, ihr Kunstetikett dem Genrefilm, dem Western, anzukleben.

Die monarchistische Einzigartigkeit, die jedes Kunstwerk der Moderne von sich behauptet und als Monstranz vor sich herträgt, steht fassungslos dem Egalitarismus des Genrefilms gegenüber, der, wenn überhaupt, nur feine Unterschiede erkennen läßt (gelegentlich ist dies natürlich ein Unterschied ums Ganze...). Genre und Kunst erkennen sich als Widerpart, was die Frage aufwirft, ob nicht Film und Kunst Gegensätze sind und das Kino sich vor den gutgemeinten Erziehungs- und Bemächtigungsversuchen der Erwachsenen – Kritiker, Filmologen und ähnliche Kulturträger – nicht besser in acht nehmen sollte. Die etablierte Filmkritik jedenfalls hat immerhin siebzig Jahre gebraucht, um mitzukriegen, daß Genre dem Kino zentral und nicht nur ein Schimpfwort ist.

Führ sie nach Missouri, Matt!

Über Western

Die frühesten Cowboyfilme, so war unsere Bezeichnung, an die ich mich erinnere, sind die Fuzzy-Filme. Fuzzy, bürgerlich Al St. John, ist ein kleines, komisches Männchen mit Backenbart, zerknautschtem Gesicht und einer Fistelstimme. Seine Hutkrempe ist nach oben gebogen, was uns als untrügliches Zeichen für Doofheit gilt. Fuzzy ist ein liebenswerter Aufschneider, ängstlich und tolpatschig, er macht alles falsch und muß von seinem Freund, dem Helden – Buster Crabbe oder »Lash« La Rue –, herausgehauen werden. Wenn Fuzzy am Ende des Films komisch-angeberisch die erfolgten Heldentaten für sich reklamiert, erntet er großes Gelächter, auf der Leinwand und im Kino.

Wenn jemals der Vorwurf berechtigt war, der Genrefilm sei wenig innovativ, auf die Fuzzy-Filme trifft er wirklich und wahrhaftig zu. Immer dieselbe Räubergeschichte (Vieh, Gold, Lohngelder), immer dieselbe Saloonschlägerei, dieselben Gags: Fuzzy holt weit zum Schlag aus, bekommt einen leichten Kinnstupser, weiche Knie und fällt theatralisch um.

Fuzzy-Filme sind wirklich Schrott – aber das macht nichts. Wir Kinder sind Nietzscheaner und freuen uns auf die Wiederkehr des Immergleichen; an geliebten Geschichten soll nicht herumgefummelt, sie sollen nicht anders erzählt werden. Wir hängen nämlich nicht der fixen Idee der Erwachsenen an, Wiederholung sei schlecht. Daß Fuzzy ähnlich eindimensional ist wie Onkel Dagobert, ohne die Möglichkeit innerer Entwicklung, ist uns Kindern nämlich kein Problem: Wir erwarten und mögen es.

Das ändert aber nichts an der Tatsache, daß Fuzzy-Filme tatsächlich besonders billig und schlecht sind – fürs Genre insgesamt, für die Tausenden von Western, die seit Bronco Billys Zeiten gedreht wurden, sind diese D-Pictures, wenn es so etwas gibt, indes sicher typischer als die paar Meisterwerke, die es auch hervorgebracht hat. Ob es viel mehr als hundert wirklich gute Western gibt?

Wenn man das Genrekino liebt, muß man nicht die vielen schlechten Filme lieben. Sie sind jedoch auch kein Ärgernis, sondern der Humus, auf dem gute Filme entstehen. Nur wer viele schlechte gesehen hat, denke ich manchmal, kann den Unterschied, der die guten ausmacht, überhaupt genau erkennen.

Von den Fuzzy-Filmen zu den Klassikern. Meine Liste ist nicht sehr originell, aber das ist kein Mangel: Ein Kanon, der überraschen will, ist in der Regel eher der Eitelkeit als der Triftigkeit geschuldet. Drei Regisseure haben das Genre geprägt, jedenfalls in seinen besten Produkten: John Ford, Howard Hawks, Anthony Mann; und zwei Stars, John Wayne und Jimmy Stewart: *Stagecoach* (1939), *Destry Rides Again* (1939), *Red River* (1948), *She Wore a Yellow Ribbon* (1949), *Wagonmaster* (1950), *Broken Arrow* (1950), *Bend of the River* (1952), *The Naked Spur* (1952), *The Searchers* (1956), *Rio Bravo* (1958), *The Man Who Shot Liberty Valance* (1962).

Wie weit die Grenzen des Western sind, wie viele Subgenres es gibt, zeigt schon diese Aufzählung: der Ritt oder die Postkutschenfahrt durch Indianerland wie in *Stagecoach*; die Geschichte einer Stadt, von Willkürherrschaft zu Gesetz und Ordnung wie in *Destry*; der große Viehtreck in *Red River*, *She Wore a Yellow Ribbon* als Kavalleriewestern...

Liberty Valance ist nicht der Höhepunkt des Western, sondern sein Abgesang, so radikal und finster, daß er einen wirklichen Schlußpunkt setzt, auch wenn weiterhin Western gedreht wurden und werden. Es gibt sicher gute Italo-Western, *Für eine Handvoll Dollar*, *Django*, *Leichen pflastern seinen Weg*, *Mercenario* – aber das sind eher Travestien des Genres. Ihnen wie auch den bemerkenswerten amerikanischen Western nach Fords Abgesang – von *The Wild Bunch*, *Soldier Blue* und *Little Big Man* bis zu *Dances With Wolves* und *Unforgiven* – fehlt nämlich das Versprechen des Westens: »Nach Westen, junger Mann, nach Westen, dort findest du Ruhm, Glück und Abenteuer...« Dieser berühmte Satz Horace Greeleys, der in *Liberty Valance* zitiert wird, verspricht das Glück – alle späteren Filme handeln nur noch vom Unglück, das die Eroberung des Westens gebracht hat: den Indianern, den Frauen, dem Westerner selbst.

Damit aber ist die Idee des amerikanischen Westens verlorengegangen. Der Western wird ein Abbruchunternehmen, ohne die Unschuld des unberührten Landes, ohne das Glück des Anfangs, wie es eine der schönsten Szene des Western schildert, der Aufbruch des Viehtrecks in *Red River*: »Führ sie nach Missouri, Matt!«, das Schreien und Jodeln der Cowboys, das in den großen Gesang mündet – wer da keine Tränen in den Augen hat, ist für den Western verloren.

Erst verkannt, aber dann!

Die ehernen Gesetze des Biopic

Was haben *Ed Wood*, *Mrs. Parker* und *Homerun* gemeinsam? Na? Es sind »biopics«, »biographical pictures«, und zwar schwer ambitionierte: Biopics, die keine sein beziehungsweise das Genre transzendieren wollen – mir haben sie jedenfalls nicht gefallen.

Als Genre ist das Biopic das alleranspruchsloseste und verlogenste: Man nimmt eine (reale) Lebensgeschichte, in der Regel ist es die eines toten weißen Mannes, der etwas Bedeutendes gemacht haben soll – so weit, so gut. Aber die klassische Genrekonvention verlangt nun, daß diese Geschichte als eine tragische erzählt wird nach dem Motto: entweder ein bedeutendes Werk (»Œuvre«) oder ein klasse Leben. Glück, Glanz, Ruhm gibt es eben nicht zusammen, Herr Gernhardt! Wer also wunderbare Songs wie »Foggy day«, »Fascinating rhythm«, »Embraceable you« und hundert andere geschrieben hat, viel Geld damit verdient, mit »Rhapsody in Blue« (so heißt auch das Biopic) sogar in richtigen Konzertsälen von richtigen Dirigenten aufgeführt wird – der kriegt keine schönen Frauen, und früh sterben, mit 38 Jahren, muß George Gershwin auch noch.

Oder die *Glenn Miller Story* mit James Stewart in der Hauptrolle. Glenn ist ein guter Posaunist, sogar in schwarzen Clubs darf er mal mittuten, und auch seine Arrangements sind nicht ohne, aber mit seiner eigenen Band hat er keinen rechten Erfolg. Es dauert jedenfalls furchtbar lange, immer wieder guckt Jimmy Stewart sinnend und grübelnd in die Kamera und sagt: »Das ist es noch nicht, das ist noch nicht der Sound, von dem ich träume...« Aber eines Tages, bei irgendeinem Konzert, fehlen die Blechbläser oder die Streicher oder was weiß ich – ein dummer Zufall führt ihn auf den richtigen Weg, bringt den richtigen Sound, der alle verzaubert, und plötzlich dirigiert Jimmy Stewart keine normale Mittelklasse-Tanzkapelle mehr; die Kamera zeigt sein Gesicht, wie es sich entspannt, verklärt: Ja, das ist es, mein Traum ist Realität geworden, und wir sehen, was er nicht sieht, nämlich wie das Publikum zu tanzen aufhört, zur Bühne drängt und nur noch der Musik lauscht. Dann bricht der Beifall los, erstaunt dreht sich Jimmy um, strahlt endlich, und nun erscheinen diese rotierenden Zeitungen auf der Leinwand, mit Schlagzeilen wie »Miller-Band feiert Erfolg in Chicago« oder »Glenn Miller verkauft sehr viele Schallplatten« oder »Miller-Sound macht Menschen süchtig«. Und zwischen den Schlagzeilen fährt ein Zug durch die Nacht (Tournee), die berühmtesten Songs werden angespielt – wir wissen, daß wir es geschafft haben.

Nun könnte der Film aufhören, alles wäre in Ordnung, tut er aber nicht. Das klassische Biopic zeigt immer auch den Preis, der für den Erfolg zu zahlen ist: Liebe, Ehe, Freundschaft gehen in die Brüche, denn Ruhm, der alte Zerstörer, macht fies. (Das sehen wir deswegen ganz gern, weil sich unser Ruhm ja noch einigermaßen in Grenzen hält.) In der *Glenn Miller Story* ist es noch schöner und bedeutender: 1944, auf dem Höhepunkt seines Ruhms, stürzt unser Held über dem Kanal ab und stirbt, mit vierzig Jahren.

Der Film ist von Anthony Mann. Als ich ihn das erste Mal sah, Mitte der fünfziger Jahre, war ich acht oder neun. Eine Szene hat sich besonders eingeprägt: eine große Parade, Marschmusik, und Glenn Miller, in Uniform, geht einfach zur Kapelle und übernimmt sie. Und plötzlich swingt die Musik, swingt die Armee, und ich kleiner Junge habe gewußt: Soldaten, die beim Marschieren mit dem Hintern wackeln können, sind unbezwinglich. Eine zweite unauslöschliche Szene: Miller gibt in England ein Konzert unter freiem Himmel. Plötzlich Fliegeralarm, Bomben schlagen in der Nähe ein –

aber die Band spielt weiter, und das Publikum rennt nicht weg. Dagegen, das wußte ich sofort, kommen die Nazis nicht an. Soweit zur gelungenen Reeducation.

Die vier ehernen Gesetze des Biopic lauten also: Genie; erst verkannt; aber dann; Unglück oder früher Tod. Das ist wahrlich ein schlichtes Schema, stößt schon hart an die Dämlichkeitsgrenze – und daher ist es von lauterer Wahrheit. Oder stimmt es etwa nicht, daß Sie viel liebenswürdiger und begabter sind als diese Typen, die die schönsten Frauen und das dickste Geld bekommen? Will sagen: Da jeder Mensch ein bißchen größenwahnsinnig ist oder sein sollte, kann er sich gelegentlich für ein Genie halten, womit das erste Biopic-Gesetz erfüllt wäre; da das niemand außer ihm weiß, ist er also verkannt (zweites Gesetz); und unglücklich ist man sowieso, beziehunsweise tot wird man bald sein (viertes Gesetz) – fehlt nur der dritte Punkt: groß rauszukommen. Aber solange wir noch atmen, liebe Leserin, lieber Leser, geben wir die Hoffnung nicht auf. Und wer weiß, vielleicht gelingt es mir mit diesen Texten, eine gewisse Aufmerksamkeit, Begeisterung gar hervorzurufen...

Ihnen und mir fehlt also leider ein Werk. Dorothy Parker hat es, und deswegen kann man ein Biopic über sie drehen. Alan Rudolph hat es aber leider vermasselt. Er zeigt uns nämlich nicht das Besondere von Mrs. Parker. Wir sehen eine Bande von Journalisten und Kulturbetriebsgaunern, die um einen Stammtisch – auch wenn er in New York und im Algonquin steht: Es ist ein Stammtisch – herumsitzen und schwadronieren; gelegentlich nicht unwitzig, wenn man bei dem Gegröle etwas versteht, aber auch nicht besser als Sie und ich, wenn wir in Fahrt kommen. Und es wird erheblich getrunken. Aber ich sitze doch nicht im Kino, total nüchtern, um mir zwei Stunden lang eine Bande von Schluckspechten anzuschauen! (Wenn ich Alkoholiker sehen will, gucke ich in den Spiegel – ist nur ein Witz.)

Alan Rudolph zeigt uns nicht das Werk: Alle Viertelstunde, in schwarzweiß, damit man's auch ja merkt (»Verfremdung!«), zitiert Mrs. Parker (gut gespielt von

Jennifer Jason Leigh), stur in die Kamera blickend, mit whiskygegerbter Stimme, Gedichte. Die sind leider verdammt schlecht, und die Inszenierung ist so neckischpathetisch, daß der Zuschauer Parkers Werk für ein Gerücht halten muß. In keiner einzigen Szene wird vorgeführt, wie es entsteht. Natürlich ist das bei einem Schriftsteller schwieriger als bei Musikern, aber man muß es doch zumindest versuchen!

Homerun ist ein Film von Ron Shelton über den amerikanischen Baseballstar Ty Cobb (gespielt von Tommy Lee Jones, etwas knatterchargenmäßig, aber nicht schlecht), doch von Baseball ist nichts zu sehen, vielleicht fünf Minuten. Statt dessen werden wir mit den rassistischen Tiraden des sterbenskranken Cobb behelligt, einem wirklichen Stinktier und Ungut – damit ich mir so etwas anhöre, muß jemand schon sehr gut Baseball spielen oder andere bemerkenswerte Fähigkeiten besitzen, und man muß sie mir *zeigen*. Oder würden Sie sich ein Biopic über Beckenbauer ansehen, in dem er nicht Fußball spielt, sondern sich über seine Beziehung zur CSU, den Sozis, Gott und das Finanzamt ausläßt?

Ed Wood ist wahrscheinlich ein guter Film, Tim Burton ein begabter Regisseur, Johnny Depp nicht nur eine Beauty und hübsch anzusehen, sondern auch die Titelrolle spielt er in schöner Naivität und Flachheit. Die Geschichte ist anrührend – und doch, und doch... Burton macht nicht den Fehler von Rudolph und Shelton, das Werk seines Helden einfach zu übergehen. Sein Problem ist größer: Es gibt gar kein Werk. Ed Wood ist, gewissermaßen, eine Medienerfindung: 1980 veröffentlichten Harry und Michael Medved das Buch *The Golden Turkey Awards*, in dem nicht die Höhepunkte, sondern die Tiefpunkte der Filmgeschichte aufgelistet sind. Und Ed Wood wurde darin zum »schlechtesten Regisseur aller Zeiten« erkoren. Eine Camp-Idee, bei der einem etwas mulmig werden kann, wenn man bedenkt, daß Wood regelrecht in der Gosse krepiert ist (Burtons Film hört klugerweise viel früher auf). Ed Wood war nie verkannt, er war einfach ein schlechter Regisseur. Er liebte das

Kino, wollte Filme machen und hat sie ja auch gemacht, aber niemand wollte sie sehen. Das einzige, was von Ed Wood bleiben wird, ist der zweifelhafte Ruhm des Nichtskönners, und eben *Ed Wood*. Ich fühlte mich unbehaglich, wie bei einer Monstrositätenschau.

Auch dieser Film kreist um ein leeres Zentrum. Das ist hier ein objektives Problem, und Burton zieht sich achtbar aus der Affäre. Aber es bleibt dabei: Ein Biopic, eigentlich jeder Film, der die Größe seiner Helden nur behauptet, sie aber nicht zeigt, ist unbefriedigend; wir Ungläubigen gehen ja ins Kino, weil man dort, anders als in der Kirche, das Wunder *sehen* kann.

Damen gegenüber höflich

Lob des Rittertums

Die große Zeit des Ritterfilms waren die fünfziger Jahre: *Ivanhoe* 1952, *Knights of the Round Table* 1953, *Prince Valiant* 1954 – und ich war im besten Alter, um diese Filme zu erkennen: Denn in jedem kleinen Jungen steckt ein Ritter, wenn nicht gar ein verkannter Königssohn.

Tony Curtis im *Eisernen Ritter von Falworth* war ein geeignetes Vorbild, als er ungefähr so aussah, wie ich einmal auszusehen gedachte; und weil er, trotz edler Herkunft (wie ich) von der Pike auf das Rittertum zu erlernen hatte: Kämpfen mit Schwert, Streitaxt, Morgenstern; Armbrustschießen, turniermäßiges Lanzenstechen etc. – üben bis zum Umfallen. Doch auch die feinere Lebensart kam nicht zu kurz: als Page den Mundschenk machen, den Damen nimmermüd zu Diensten sein; schließlich Zierlichkeit und Grandezza in Wort und Schrift, bei Spiel und Tanz.

Oder war ich doch eher Prinz Eisenherz? In den hatte ich mich ja schon bei der Comiclektüre vergafft. Und nun der junge Robert Wagner, der pfeilgerad den Bildern von Hal Foster entstiegen war, die dieser aufwendige, prächtige Film von Henry Hathaway – einer der ersten in Cinemascope – bis ins Detail nachstellte.

The Black Shield of Falworth und *Prinz Eisenherz* sind Initiationsgeschichten, Bildungsromane. *Ivanhoe* und *Die Ritter der Tafelrunde*, beide von Richard Thorpe und mit Robert Taylor, haben einen Erwachsenen zum Helden. Nicht der jugendliche Heißsporn, der alles noch vor sich hat und dem im Film ein Happy-End geschenkt werden kann, sondern der reife, etwas verdunkelte

Mann, der sich zwischen Liebe und Pflicht entscheiden muß; Lanzelots Liebe zu Ginevra (Ava Gardner) oder seine Treue zu Artus (Mel Ferrer); seine Ehre als Ritter oder das Glück als Mann: »In jener Zeit, als Uther Pendragon König und Beherrscher von ganz England war...«

Als Ivanhoe steht Robert Taylor zwischen Joan Fontaine, der blonden Dame, und Elizabeth Taylor, der schwarzen Jüdin Rebecca. Und sie ist so unvorstellbar schön, in ihrem grünen Kleid, daß ich sofort auf die bläßliche Fontaine verzichte und nach Amerika auswandern will, um ganz neu anzufangen. Aber es geht ja nicht, meine Ritterehre! Ich habe Joan Fontaine mein Wort gegeben, und mein Leben gehört auch nicht mir, sondern meinem Land, meinem König, der Aussöhnung zwischen Normannen und Angelsachsen. Und auch Rebeccas Vater, der weise Isaak von York, weiß, daß sein Volk in England nur Sicherheit finden kann, wenn der gute König Richard Löwenherz zurückkehren wird: freigekauft von dem Lösegeld der Juden.

Und dann, wenn das Böse schon fast triumphiert hat und Rebecca als Hexe auf dem Scheiterhaufen sterben soll, die Fackeln schon brennen – dann, durch Parallelmontage des sich nähernden Ritterheeres vorbereitet, donnern die Recken mit dem schwarzen Kreuz auf den Turnierplatz, und der gute König nimmt den Helm ab und John, der verräterische Halbbruder Richards, krümmt sich und windet sich wie eine Schlange vor dem Blick des Adlers. Ach ja.

Warum ist *First Knight* aus dem Jahr 1995 so peinlich mißlungen? Es ist doch die Rittergeschichte par excellence, die von Artus und Camelot, von der Tafelrunde, von Liebe, Treue, Verhängnis und Magie? Zum einen liegt es an den Schauspielern. Richard Gere ist nicht nur unansehnlich (ich habe nie verstanden, wieso er als Sexsymbol gilt), er ist auch einfach kein Lanzelot, und konsequenterweise spielt er ihn nicht als einen Ritter, sondern als eine Art Preisboxer mit Schwert. Wenn schon eine Fehlbesetzung, dann ziehen wir das auch durch, mag sich der Regisseur Jerry Zucker gedacht haben, dem die Menschheit immerhin komische Meisterwerke wie *Kentucky Fried Movie* und die *Naked Gun*-Serie verdankt, doch der Artus-Legende bekommt das nicht.

Aber Sean Connery, der ultimative König Artus! Pustekuchen, nicht nur muß er wieder ein schreckliches Toupet tragen, das uns bekennende Glatzköpfe im Publikum erbittert, Connery ist auch so ostentativ lustlos bei der Sache, daß man immerfort seine offene Hand zu sehen glaubt, in die man doch endlich den Millonen-Dollar-Scheck für sein Rumgestehe legen möge.

Schlimmer aber ist etwas anderes: Man wollte einen Film für Kids machen und glaubte zu wissen, daß diese sich nicht für den alten Ritterschrott interessieren, die brauchen Äktschen und keine Dialoge, und Würde, Ehre, Tragik gehen ihnen sowieso am Arsch vorbei. Deshalb hat man fast alles, was einen Ritterfilm ausmacht, vorsichtshalber weggelassen. Die Leute sprechen also wie du und ich – nichts von der rührenden Gestelztheit à la »Ihr, Mylady, seid die Dame meines Herzens für immerdar«; kann man einen mittelalterlichen König bewundern, der wie Jürgen von der Lippe spricht?

Camelot, die Computertechnik macht's möglich, sieht aus wie eine Mischung aus Legoland und Neuschwanstein; der Plot stimmt hinten und vorne nicht: Artus ist milde und abgeklärt, auch erotisch, wie der Vorsitzende eines Seniorenbeirates, kriegt aber plötzlich, weil's so im Drehbuch steht, einen othelloartigen Eifersuchtsanfall; und schließlich und am schlimmsten: All das wunderbare Getue mit Merlin und Morgan le Fay, Zauberei, Liebestränken, Übersinnlichem fehlt einfach.

Wo Ritterfilm draufsteht, muß auch Ritterfilm drin sein. Wir verlangen also, daß ein Turnier vorkommt (das allerschönste ist in *Prinz Eisenherz*), dessen Beginn die Fanfarenbläser in ihren bunten Wämsen einschmettern, und die Damen in Zaddeltracht (ja, Zaddeltracht) haben diese spitzen Hüte auf (Hennin), und dem Ritter ihres Herzens (»Wollt Ihr, Sir Gawein, meine Farben tragen?«) offerieren sie ihren Schleier, und auch der Gral,

Excalibur, Parzival und der etwas bräsige Galahad sollen vorkommen – denn wahrlich, ich sage euch: Gebt dem Kaiser, was des Kaisers, Gott, was Gottes, dem Kino aber, was des Kinos ist.

Gemütlicher Schrecken

Edgar-Wallace-Filme im Kontext

In der Geschichte der Bunzreplik ist 1959 ein sog. Satteljahr (Koselleck): Nicht nur kam ich aufs Gymnasium – es ist auch das Jahr, in dem der lange Marsch begann, der aus dem prekären und vermufften Nachfolgestaat des Dritten Reiches zu dieser freiheitlichsten Bunzreplik aller Zeiten geführt hat, in der man wieder deutsch, aber glücklich sein kann und die weltweit, ja fast global nachahmungswürdig (Goldhagen) beziehungsweise anschlußfähig (Habermas) geworden ist.

Am Beginn dieser Erfolgsgeschichte aber steht – *Frøen*. Das ist Dänisch für »Frosch«. Heutzutage tun sich Genforscher dicke damit, daß sie Frösche ohne Köpfe herstellen können – aber sie wissen nicht, daß schon 1959 geniale deutsche Köpfe – in internationaler Zusammenarbeit – einen *Frosch mit der Maske* produziert haben!

Dr. Harald Reinl hieß der Mann, der in Kopenhagen, damals quasi noch feindliches Ausland!, nach Motiven eines Romans von Edgar Wallace einen Film schuf und damit den Grundstein legte für die erfolgreichste Serie, zu der deutsche Filmkunst sich jemals aufgeschwungen hat. Mehr als dreißig Edgar-Wallace-Filme – rechnet man die nach Romanen seines Sohnes Bryan Edgar und eines weiteren Underlings hinzu: 38 Filme in neun Jahren!

Dr. Reinl gibt den Anstoß, und mit insgesamt acht Filmen schreibt er sich in die Annalen der Serie ein. 1961 übernimmt Alfred Vohrer mit *Die toten Augen von London* die Fackel und dreht in aufopfernder Weise bis 1968 vierzehn Edgar-Wallace-Filme – ein Ruhmesblatt deutschen Durchhaltevermögens. Dr. Reinl, Vohrer, sie waren die begnadeten Künstler, die ihren Visionen Ausdruck verliehen. Aber waren sie allein? Hatten sie nicht wenigstens, mit Brecht zu fragen, einen Koch dabei?

So wie der geniale Verbrecher die Polizei verhöhnt, indem er seine »Visitenkarte« am Tatort hinterläßt, so sah das Syndikat, daß diese Filme produzierte, keinen Anlaß, im Verborgenen zu bleiben. »Rialto Film Preben Philipsen« stand dreist auf der Leinwand, und für die uninformierte breite Masse war denn auch der dänische Filmmogul Preben Philipsen der Anführer des »Kommandos Wallace«. Der wirkliche »Strippenzieher« war aber schon bald Horst Wendlandt.

Bescheiden nennt sich Wendlandt »Produzent«, aber er ist der Pate – von heute aus betrachtet der »capo dei capi« und nicht nur für die Wallace-Filme, sondern auch für die Karl-May-Serie verantwortlich. Ein Gesinnungstäter, der nie zu Schutzbehauptungen gegriffen hat, er habe »Schlimmeres verhüten wollen« beziehungsweise »von nichts gewußt«. Auf den wenigen unscharfen Fotos, die es von ihm gibt, ist ein etwas dickliches Gesicht zu sehen, hinter dessen Bonhomie nur der Eingeweihte zu erkennen vermag, welche Rolle dieser Mann für die deutsche Film- und Kulturpolitik gespielt hat – und spielt!

Gebt mir neun Jahre! – und Wendlandt bekam sie, aus dem Adenauerdeutschland von 1959 wurde die Bunzreplik von 1968. Jetzt waren Willy Brandt (»Mehr Demokratie wagen«) und Alexander Kluge *(Abschied von gestern)* am Drücker, es ergriff eine von der Nazivergangenheit unbefleckte junge und kämpferische Generation lautstark das Wort, der Muff von tausend Jahren wurde gegeißelt beziehungsweise eingeklagt, Trauerarbeit statt Wirtschaftswunder war nun angesagt, die Studentenbewegung und der Junge Deutsche Film traten aus dem Schatten der Talare und von Papas Kino – über Nacht entwickelte sich – APO – außerhalb des Parlaments und der Kinos eine »politique des auteurs«, wie sie die Welt noch nicht gesehen hatte.

Und begonnen hat das alles in diesem unscheinbaren, verachteten kleinen Jahr 1959 mit einem maskierten Frosch und seinen Machenschaften, so teuflisch, daß es uns arme Jugendliche im Kino schaudern macht und die Dame deines Herzens neben dir, die sonst recht zickig sein kann und Körperkontakt streng zu limitieren weiß – fünfziger Jahre! –, wie ein furchtsames Häschen in deine Arme treibt.

Im Kinosaal wie auf der Leinwand: der Mann als Beschützer verfolgter Unschuld; in der Regel ein Kommissar, der eine Erbin vor den Ränken eines Fälschers, Zinkers, Hexers, eines Buckligen oder Gorillas von Soho, einer seltsamen Gräfin oder eines Hundes von Blackwood Castle, vor gelben Narzissen, roten Orchideen, einer blauen Hand oder einer grünen Stecknadel rettet – nicht zu vergessen das sog. katholische Quartett *Der schwarze Abt, Der unheimliche Mönch, Das Geheimnis der weißen Nonne, Der Mönch mit der Peitsche.*

Der Held ist in der Regel Joachim Fuchsberger, als Ersatzkommissar, aber durchaus keine zweite Wahl, tritt Heinz Drache auf: Seine wie in Beton gegossene Frisur, die schnarrende Forschheit seiner Stimme und der Minimalismus seiner Mimik ergeben eine Art Gesamtkunstwerk, das nicht wenige Aficionados der nonchalanten Eleganz und Jungenhaftigkeit Fuchsbergers vorziehen.

»Blacky« ist der westlich-amerikanisierte Nachkriegsdeutsche, während Drache gewissermaßen noch mit einem Bein in der (bösen) deutschen Vergangenheit steht, wie ja schon an seiner Frisur zu erkennen ist: Sie hat eine gewisse preußische Strenge und man glaubt ihr, daß sie auch im Kessel von Stalingrad sauber und ordentlich geblieben ist – gleichzeitig ist sie aber auch eine Homage an den »Mecki« der GIs. Nomen est omen: Fuchsberger als der pfiffige Nach-45er, Drache als der deutsche Lindwurm, aber durch die Reeducation geläutert.

Bei den Unschulden ist die Lage klarer. Ob Karin Baal mit ihrem augenfälligen Busen, die mysteriös-lockende

Barbara Rütting oder Margot Trooger mit ihrem entzückenden Vorbiß: Karin Dor, mit weit aufgerissenen Augen Angst und Schrecken ausdrückend, ja verbreitend, ist die Assoluta der Wallace-Filme.

Wichtiger aber noch als die Figuren im Vordergrund sind die in der zweiten Reihe. Eddi Arent als komische Figur: Assistent des Kommissars oder Butler oder Polizeifotograf, der beim Anblick von Leichen in Ohnmacht fällt und das Vorurteil, die Deutschen seien humorlos, schallend widerlegt. Oder Siegfried Schürenberg als Polizeichef Sir John, dessen Begriffsstutzigkeit nur noch von seiner Lüsternheit und Jovialität übertroffen wird und dessen ansteckendes Lachen mir bis heute im Ohr klingt.

Als irrer Bösewicht der unvergleichliche Klaus Kinski, ein wehes Lächeln umspielt seinen vollen Erdbeermund, denn seine perversen Pläne werden auch diesmal wieder vereitelt, und nie wird er das Ende eines Films erleben beziehungsweise nur als Leiche. Nebenunholde sind Ady Berber als tumber Fleischberg, Stanislav Ledinek als schmierige Kellerassel, Werner Peters als feiger Lüstling, dessen Angstschweiß allererste Sahne ist, und Mady Rahl als angegangene Nutte – Namen und Gesichter, wie in Scheiße gehauen.

Und natürlich Elisabeth Flickenschildt, deren Hand in *Die Bande des Schreckens* in so krallenartiger Weise Rache heischt, daß mich noch heute Entsetzen ergreift. La Flickenschildt hatte in dieser ausgemergelten Hand mehr Ausdruckskraft und, ja: deutsche Tiefe als »Weltstars« wie Marilyn Monroe in ihrem ganzen üppigen, unzüchtigen Körper.

Aber vergessen wir nicht die anderen Tatbeteiligten! Die Kamera, deren Spezialität die Untersicht ist, was eine geradezu hitchcockianische Irritation hervorruft; oder wenn sie, nur die Schuhe im Bild, den Mörder bei seinem frevelnd Tun verfolgt. Dann, brutaler Schnitt, das Gesicht des Opfers, die aufgerissenen Augen, der blutstockende Schrei – weltweit unerreicht meines Wissens.

Hart ausgeleuchtete nächtliche Parks, riesige Schlagschatten, daß *Der dritte Mann* neidisch wird, wallender Nebel, wo's nur geht oder wenigstens quellender Rauch, durch den graziös die Lichtstrahlen tanzen: Auch die Kunst der Beleuchtung wird in diesen Filmen großgeschrieben. Am schönsten aber ist das Glitzern des Wassers (Themse!), das Widerspiel an den Wänden, dieses ewige Flirren von Licht und Schatten, Stirb und Werde...
Schwächen zeigt die Beleuchtung, auch das muß man heute, dreißig Jahre »danach«, in diesem größeren Deutschland sagen dürfen, bei Innenaufnahmen und vor allem bei Tageslicht: matt, lustlos, ja wehleidig – in diesem Punkt hat Roman Herzog, schon damals!, recht. Aber dann, nachts, geht ein Ruck durchs Team – Wallace at it's best, und da die Filme zu gut zwei Dritteln aus Nachtszenen bestehen oder in Grüften, Kellern, Verliesen spielen, ist man aus dem Schneider.
Des Frauenschreis wurde schon gedacht. Akustischer Höhepunkt ist aber für jeden Wallace-Fan der Ruf des Käuzchens, in dem der poetische Realismus der Filme sich selber sein schönstes Geschenk macht: dieses dunkel-lockende »Huu-huu, huu-huu«, wenn verlorene Seelen durch Moor oder Parks irren. Die Musik trägt ihr Scherflein bei als klassische Untermalung – gehetzt bei Verfolgungen, unheildräuend, wenn Unheil dräut, humorerweckend, wenn Eddi Arent naht. Verantwortlich dafür sind Martin »Winnetou« Böttcher und, meistens, Peter Thomas, der, ein Leckerbissen für Hardcore-Liebhaber, in *Das Gasthaus an der Themse* die Flickenschildt das Lied »Von abends bis morgens« singen läßt.
Schließlich der Plot. Der eh schon undurchsichtigen Romanvorlage wird von wagemutigen, an experimenteller Literatur geschulten Drehbuchautoren der schäbige Rest an Logik und Stringenz ausgetrieben. Aus einem schlichten Wallace-Whodunit wird in der Verfilmung ein selbstreflexiver Diskurs, der die Grenzen des Genres »Krimi« praktisch dekonstruiert – lange, bevor von de Man überhaupt die Rede war! Es ist zwar nur ein Ge-

rückt, daß gelegentlich erst beim Schneiden die Auflösung festgelegt wurde, aber die Filme sprechen dafür. Es ist daher kein müßiges intellektuelles Spiel, wenn man die Wallace-Filme nicht mehr dem herkömmlichen und längst überholten »Erzählkinos« à la Hollywood zurechnet, sondern sie als Vorläufer des deutschen Autorenfilms ansieht – hinter der Maske des Frosches sind, sozusagen, schon die in der Zirkuskuppel ratlosen Artisten verborgen...

Aber Reinl und Vohrer haben sich nicht nur als Steigbügelhalter des Autorenfilms verdient gemacht – ohne Reinls *Zimmer 13* wäre beispielsweise Straub/Huillets *Nicht versöhnt* undenkbar –, die größten Meriten der Wallace-Serie sind im historischen Rückblick wohl darin zu sehen, daß sie der Enge, der spießigen und verlogenen Folklore des deutschen Heimatfilms – dessen faschistische Wurzeln ins Auge springen – die Liberalität, die Weltoffenheit der englischen »civil society« entgegensetzen, die sich ja gerade im Umgang mit der dunklen, der verbrecherischen Seite zeigt. Nicht mehr *Grün ist die Heide*, sondern eben *Der grüne Bogenschütze*. Big Ben, Doppeldeckerbusse, Bowlerhüte, Dartmoor, Scotland Yard, Linksverkehr – internationaler Flair und konsequente Absage an Schwarzwälder Bollenhüte. Hinter der *Tür mit den sieben Schlössern* und in der *Gruft mit dem Rätselschloß* verbargen sich als politische Konterbande: Westanbindung und Demokratie, und statt in die Deutsche Eiche zu gehen, *Wenn am Sonntagabend die Dorfmusik spielt* (1953, von Hans Deppe), besuchte man 1962 lieber *Das Gasthaus an der Themse*.

Als »komisch-gruselig« bezeichnet das Rowohlt-Filmlexikon die Serie, und das ist richtig: ein Drittel Liebe und Sex (die Kamera verweilt gerne auf Brüsten und wakkelnden Frauenhintern, im *Hexer* macht die Freundin Fuchsbergers spermanent Anspielungen, daß er weniger vögle als früher), ein Drittel Lachen, ein Drittel Spannung und Gruseln.

Mehr Comedy als Horror: Das war endlich die klare Absage ans Dritte Reich und die frühe Bunzreplik, und die Wallace-Filme haben zu diesem Mentalitätswandel von Millionen ehemaliger Volksgenossen viel beigetragen. Wenn sie uns immer noch bezaubern, so wohl auch aus nostalgischen Motiven. Der Hauptgrund aber liegt darin, daß die Wallace-Filme als erste ausdrückten, was bis heute das deutsche Lebensgefühl geblieben ist: gemütlichen Schrecken.

Der edle Einheimische

Eric Rohmers Quasselfilme

Mein erster Rohmer-Film war *Die Sammlerin*, ich habe ihn Ende der sechziger Jahre gesehen, aber nicht in den Altenwerder Lichtspielen, die hatten 1967 ihre Lastpicture-Show gehabt. Doch für Rohmer wäre das Dorfkino meiner Eltern sowieso der falsche Ort gewesen. Und was soll ich sagen: Diese Quasselfilme gefielen mir auf Anhieb, obwohl sie nichts mit richtigem Kino zu tun hatten.

Schweig, damit ich dich sehe, diese schöne Lakonie des Kinos – und nun das: haltloses Gerede über Gott und die Welt und, vor allem, die Liiieeebe (»l'amour«). Junge Paare, französische auch noch, die flirten, zanken, ein bißchen fremdgehen (»oh là là«) – und permanent schrappeln über die Vorzüge der Trabantenstädte, des Alleinlebens, der Windhühner; warum man den, der einen will, nicht wollen können darf und Liebe auf französisch diesen bitterzarten Geschmack haben muß, wenn sie auf der Zunge zergehen soll. Das ganze schreckliche Franzosenprogramm eben. Aber sind wir Anfang zwanzig nicht alle Franzosen? Doch, das sind wir.

Von Schauwerten und »production values« keine Rede, und man kann Rohmer sicher manches vorhalten, aber nicht, daß er sein kleines, aber feines Publikum mit einem Übermaß an Pyrotechnik und »special effects« überwältigt hätte. Für Hollywoodverächter ist schon das sicher ein Grund, Rohmer zu schätzen. Aber wir anderen, wir Hartgesottenen, warum sehen wir uns nun seit einem Vierteljahrhundert diese Filme, eigentlich ist es immer derselbe, an? Weil wir uns selbst zusehen. Ja, das sind wir, so reden wir, so versuchen wir, den Preis – das ist in der Regel die Frau (»la femme«) – zu gewinnen. Und im Unterschied zum wirklichen Leben, wo unsere ganze Aufmerksamkeit auf das Ziel der Verführung gerichtet ist – und außerdem rauchen und trinken wir zuviel –, können wir nun, im Kino, in aller Ruhe zusehen, wie Rohmers Kamera ruhig zusieht, wie wir uns abzappeln: Sind wir als Zwanzigjährige nicht niedlich? Man ist gerührt, zu Recht.

Da jeder Mensch in seiner Weise der interessanteste der Welt ist, für sich jedenfalls, braucht Rohmer keine Stars und Stunts, muß nicht »bigger than life« sein, wenn er denn nur mein Leben zeigt. Ohne Identifikation funktioniert das Kino nicht, auch nicht das Rohmersche. Und deshalb hat mir sein letzter Film, *Rendezvous in Paris*, gar nicht gefallen. Denn sowohl die drei Geschichten als auch die Protagonisten sind alles andere als niedlich. Sie sind ausgesprochen unliebenswürdig (mit Ausnahme der Esther in der ersten Episode).

Wie gesagt: Richtig schön müssen die Männer und Frauen bei Rohmer nicht sein (obwohl Truffaut darauf hingewiesen hat, daß Film bedeute, schöne Frauen schöne Sachen machen zu lassen), sondern nur so wie wir, »vorzeigbar« hieß das früher einmal. Sie beziehungsweise wir dürfen komisch sein, sogar ein bißchen lächerlich, aber nicht fies. Gegen dieses Gebot verstößt *Rendezvous in Paris*: Wer dort begehrt, wer Interesse am anderen zeigt, verliert. Das ist ein trauriger Befund, und daß er im wirklichen Leben oft genug zutrifft, ist kein Argument für den Film: Wozu soll die Verdoppelung des Alltäglich-Miserabeligen gut sein? Umgekehrt ist es richtig: Gerade weil Rohmer so wenig Kino und Spektakel bietet, muß er uns ein Friedensangebot machen, muß er uns trösten. Was nicht heißt, daß seine Geschichten unbedingt gut ausgehen müssen; aber sie dürfen uns auch nicht in Depression stürzen, sondern uns allenfalls melancholisch und weise sagen lassen: C'est la vie.

In *Rendezvous in Paris* jedoch findet statt des Liebeswerbens, eines Spiels mit offenem Ausgang, eine Art negativer Warentausch statt: Was du hast, das will ich nicht, und was du willst, das kriegst du nicht. Und deshalb hat der Film bei mir nicht funktioniert, im Unterschied zu Rohmers Meisterwerken *Die Frau des Fliegers* (1980), *Pauline am Strand* (1982), *Vollmondnächte* (1984) und *Wintermärchen* (1992). Das sind Lebensfilme, die sich Zeit nehmen für das, was sie zeigen. Selbst wenn der Plot geradezu mathematisch kalkuliert ist, weiß die Kamera, so scheint es, vorher nicht unbedingt, was passieren wird, wem sie sich zuwenden soll. Die Paare und Passanten sind da, und die Kamera schaut ihnen zu, interessiert, liebevoll, manchmal schamlos, wie man im wirklichen Leben nur zuschauen könnte, wenn man unsichtbar wäre. Rohmers Filme sind für Voyeure des Alltäglichen, und da private Diavorführungen nicht ohne Grund einen schlechten Ruf haben, muß Rohmer den Narzißmus des Zuschauers füttern. Die Kamera muß lieben, was sie sieht. Sie will nichts beweisen, sondern nur zuhören, aufmerksam, höflich, ein bißchen ironisch vielleicht; genauso wie man Ihnen und mir zuhören sollte...

Daher haben solche Quassel- oder Lebensfilme oft etwas von einem schönen Gespräch, einer Mischung aus Weisheit und Komik. Comédie humaine, genau, Louis Malles *Mein Essen mit André*, oder Nanni Morettis *Liebes Tagebuch*. Auch Ozu hat in diesem Sinn vielleicht Lebensfilme gemacht. Abbas Kiarostamis *Quer durch den Olivenhain* wäre noch zu nennen – aber leider muß ich jetzt bekennen, daß dieser Film, obwohl durchaus weise und mit Kameraliebesblick, mich doch einigermaßen kaltgelassen hat: Das Land und die Menschen sind so weit weg und mir so fremd, daß ich nicht genügend identifikatorischen Schwung bekam und also auch nicht, wie es sich im Kino gehört, ins Schweben geriet, sondern einigermaßen pflichtbewußt meine Zeit absaß und mich klammheimlich fragte, ob die Begeisterungsstürme, die dieser Barfußregisseur hervorruft, nicht doch auch ein Ausdruck von Political Correctness und Drittweltismus – der edle Fremde – sind.

Rohmer hingegen zeigt mit ethnologischem Blick den edlen Einheimischen, dich und mich, und daher mögen wir seine Filme, obwohl sie doch so ganz anders sind als diejenigen, die aus den Altenwerder Lichtspielen das Paradies meiner Kindheit gemacht hatten.

Dunkelgrau gegen Schwarz

Dialektische Verteidigung des Polizeifilms

Der Gangsterfilm verherrlicht den Gangster, und da das moralisch nicht ganz korrekt ist, muß der Gangster am Ende sterben: »crime doesn't pay« heißt die Devise, auch wenn wir ahnen, daß dies wohl für das Kino gilt, im wirklichen Leben aber häufig ein frommer Wunsch bleibt. Und deshalb lautet der vollständige Titel eines der berühmtesten und besten Gangsterfilme *Scarface – Shame of a Nation*: Die Zensurbehörde hatte auf dem Zusatz bestanden, wollte man doch kein Risiko eingehen, daß das Publikum Howard Hawks' Meisterwerk aus dem Jahr 1931 in den falschen Hals bekäme.

Polizeifilme verherrlichen den Polizisten, und dagegen ist natürlich gar nichts zu sagen; allenfalls, daß dies insofern nicht abendfüllend ist, als jeder Wohlmeinende die aufopferungsvolle (und schlechtbezahlte) Tätigkeit der Gesetzeshüter, wenn nicht mit Sympathie, so doch mit Respekt betrachtet. Aber das Moralische, Friedrich Theodor Vischer hat das sehr richtig festgestellt, versteht sich immer von selbst. Und deswegen erinnern wir uns auch nur dunkel an James Cagney als unerschrockenen FBI-Agenten in *G-Men* (1935); unvergeßlich hingegen ist er als Killer in *The Public Enemy* (1931), und jeder, der seine Mama lieb hat wie ich, kennt Cagneys finalen Satz aus *White Heat* (1949), oben auf einem Benzintank gesprochen, bevor der in die Luft fliegt: »Made it, Ma – top of the world!«

Sprechen wir es ohne Scheu aus: Polizeifilme sind ein bißchen langweilig und pädagogisch (James Stewart in *The FBI Story*!), und das haben wir im Kino nicht so gern. Aber dann trat Dirty Harry auf die Leinwand, ein

Antipode zum herkömmlichen »Freund und Helfer«, und seitdem gibt es politisch und moralisch äußerst unkorrekte Polizeifilme, die unseren Lehrern nicht gefallen hätten. Daß wir uns nicht mißverstehen: Ich will diese hochproblematischen Filme in keiner Weise verharmlosen, aber wir können vor ihnen auch nicht einfach die Augen verschließen. Kritische Aufklärung im Sinne Richard von Weizsäckers ist mein Anliegen.

Harry Callahan ist ein hartgesottener Cop, der sich einen Dreck um Gesetze kümmert, wenn die ihn bei seiner Arbeit behindern. Callahan handelt nach dem Motto: Verbrecher sind Tiere (»Ratten und Schmeißfliegen«, F. J. Strauß), sie müssen zur Strecke gebracht werden, egal wie. Und deshalb richtet er auch seine Magnum auf den gefangenen und entwaffneten Serienkiller und drückt ab: nicht im Affekt, sondern »in cold blood«. Und da seine Vorgesetzten und die windelweichen Politiker immerzu das Grundgesetz beziehungsweise die Strafprozeßordnung unterm Arm tragen und somit natürlich eine effektive Verbrechensbekämpfung (Großer Lauschangriff!) verhindern, wirft Dirty Harry in der Schlußeinstellung angeekelt seine Dienstmarke fort, und wir sehen, wie sie schmählich in einem Tümpel versinkt.

Harry Callahan hat viele Nachfolger gefunden: Es sind dies keine Polizisten mehr, die ihre Macken haben und auch mal durchdrehen – ist doch menschlich! –, sondern schießwütige Fanatiker wie Jim Doyle, gespielt von Gene Hackman, den man sich mühelos auf der anderen Seite vorstellen könnte. Er genießt es, die Leute fertigzumachen, seien sie Gauner oder nicht. Doyle weiß: Unschuldig ist niemand – manchem kann man nur nichts nachweisen.

Dirty Harry und *The French Connection*, beide aus dem Jahr 1971, hat man nicht nur den üblichen Vorwurf der Gewaltverherrlichung gemacht, sondern auch faschistische Tendenzen nachgesagt. Und nicht einmal zu Unrecht, denn aus beiden spricht die Wut über ein Justizsystem, das Hippies, Dealer, Demonstranten, Kommunisten und andere Verbrecher nicht nur nicht unschädlich macht, sondern sogar schützt. Die Proteste gegen den Vietnamkrieg waren auf ihrem Höhepunkt (1972 begannen die geheimen Pariser Waffenstillstandsgespräche), und Dirty Harry und Popeye Doyle sind Figuren, die den Haß der schweigenden Mehrheit zur Sprache bringen: in Worten der Verachtung über langhaariges Ungeziefer und weichärschige Politiker, aber auch in Taten (»nuke 'em«, General Westmoreland).

Das sind unheimliche Filme, und im Kino war mir ziemlich unbehaglich zumute, gehörte ich gelegentlich doch selbst zu den Demonstranten, die fröhlich »USA – SA, SS« skandierten (in den Berliner Arbeiterbezirken, wenn wir »Bürger, runter vom Balkon, unterstützt den Vietcong!« riefen, kriegten wir regelmäßig volle Mülltüten aufs Haupt geworfen). Wenn ich Callahan oder Doyle in die Quere gekommen wäre, oh je! Von Identifikation im engeren Sinne konnte nicht die Rede sein.

Aber fasziniert war ich doch. Nicht nur von der Radikalität, mit der hier Rache- und Haßphantasien ausagiert wurden, sondern auch davon, wie sehr uns diese Filme recht gaben: Das war doch pfeilgrad unsere These – der Rechtsstaat als Maske vor einer faschistischen Visage. Ellenbogengesellschaft, genau!

Callahan und Doyle sind keine tragischen Figuren wie die großen Westernhelden, die sich ja auch nicht unbedingt an Recht und Gesetz halten; aber wenn sie es brechen, werden sie aus dem Leben der Menschen verbannt und müssen in den Sonnenuntergang reiten. Diese Polizisten sind verzweifelte Kleinbürger, keine Helden, nicht einmal gebrochene; sie sind brutal, die Mißhandlung Verdächtiger ist Routine, sie sind bestechlich, und manchmal töten sie Wehrlose.

In *Magnum Force*, der Fortsetzung von *Dirty Harry*, ist Eastwood die Faschismusvorwürfe offenbar so leid, daß er sich am Schluß, wenn auch maulend, auf die Seite des Gesetzes und gegen eine Gruppe junger Polizisten stellt, die als »vigilantes« Verbrecher einfach liquidieren. So begrüßenswert Eastwoods Umkehr ist, dem

Film bekommt das nicht, er ist schlecht, vom dritten Teil der Serie, *The Enforcer*, zu schweigen. Liberale Polizeifilme kannst du vergessen!

Der Kampf der Polizisten gegen die Verbrecher ist keiner von Gut gegen Böse, sondern einer von Dunkelgrau gegen Schwarz. Brecht hätte es gefallen: Haß verzerrt nicht nur die Gesichter der Bösen.

Polizeifilme haben ihren schlechten Ruf also verdient, und nur moralisch und politisch gefestigte Menschen sollten sie sich ansehen. Aber wer nicht in Panik gerät, wenn die Guten und die Bösen nicht schon an der Farbe der Hüte zu unterscheiden sind, der kann sich diese Filme, aus rein sozialwissenschaftlichem Interesse natürlich, antun.

Im Unterschied zum Gangsterfilm, der es uns gestattet, unseren destruktiven Tendenzen – ich bekenne: ich bin nicht frei davon – lustvoll zu frönen, ruft der richtige, der reaktionäre Polizeifilm bei unsereinem ein durchdringendes Unbehaglichkeitsgefühl hervor. Daher kann man Polizeifilme nicht lieben, und so geht es ihnen leider wie den (schlechtverdienenden) Polizisten.

Nicht dem Humanum verpflichtet

Über Lachfilme

Chaplin hat merkwürdigerweise keine große Rolle in unserem Kino gespielt (er ist bis heute keiner meiner Favoriten, zu sentimental). Aber Dick & Doof lief immerzu in der Kindervorstellung, Pat & Patachon, Abbott & Costello; Bob Hope und Bing Crosby in den »Road to...«-Filmen, auch Jerry Lewis und Dean Martin: Wir Achtjährigen liebten diese Lachfilme mit Männerpaaren, vielleicht nicht zuletzt deshalb, weil uns das Mysterium des Weiblichen im tieferen Sinne noch verschlossen war (»Mädchen sind doof«). Die Mädchen fanden uns genauso doof, insofern war alles in Butter.

So eine fixe Idee dieser Genre-Grübeleien ist ja, daß fürs Kino die Codierung Kind/Erwachsener wichtig ist, daß das Kino selbst etwas hat, was man gegen die Erwachsenen (Erzieher, Theoretiker) verteidigen muß. Dies tut der Lachfilm als Genre, aber sogar die Männerpaare lassen sich nach diesem Schema ordnen: Hardy und Abbott und Crosby sind die Erwachsenen, Laurel und Costello und Hope die Kinder. Wobei letztere nicht die prinzipiell Unterlegenen sind, sondern manchmal sogar übersinnliche Kräfte besitzen: Stan beispielsweise, der seinen Daumen als Feuerzeug benutzen kann, oder Jerry, der mit seiner Quäkstimme Glas zerspringen läßt. Einem Achtjährigen gefällt so etwas sehr gut.

Und natürlich auch, daß Frauen in diesen Lachfilmen meistens Störenfriede sind, denn sie gehören zur Welt der Erwachsenen: Wenn Stan und Ollie verheiratet sind, leben sie in Angst und Schrecken vor ihren megärenartigen Ehefrauen, die sie herumkujonieren und zu strebsamen, gutverdienenden Bürgern machen wollen;

praktisch genauso wie die eigene Mutter, denkt der Achtjährige.

Das Ewigweibliche zieht uns hinan: Aber gerade das wollen wir ja nicht, wir wollen Spaß haben und kaputtmachen – kleine Biester, die sich tortenwerfend (»subversiv«) gegen die Obrigkeit zur Wehr setzen. Und die Inkarnation der Obrigkeit ist Mitte der fünfziger Jahre nicht der Polizist (wie für Chaplin), nicht der Vater (der hatte den Krieg verloren und nichts zu sagen), sondern die Frau in Gestalt der Mutter. Deswegen sind Lachfilme oft misogyn, die besten jedenfalls.

Nichts gegen Frauen! Aber ich kann doch nichts dafür, daß W.C. Fields und die Marx-Brothers die komischsten Filme aller Zeiten gemacht haben, und deren Menschenbeziehungsweise Frauenfeindlichkeit ist notorisch: »Whatever it is, I'm against it«, singt Groucho aus voller Seele; und das Humanum in Gestalt der Liebesgeschichtennebenhandlung in *Duck Soup* und *Animal Crackers* und all den anderen Meisterwerken akzeptieren wir nur, weil Harpo blonde Zimmermädchen jagen und Groucho Margaret Dumont, die schlechthinnige Mutter als Matrone, niedermachen darf.

Womit wir beim Geheimnis der Lachfilme angekommen sind: Nicht die Frau als solche ist das Problem, sondern die Liebe. Liebe zivilisiert; Liebe ist das Band, das dich hindert, ohne Rücksicht auf andere deinen Wünschen und Gelüsten nachzufolgen. Wenn du liebst, bist du gefesselt, kannst du nicht mehr schrankenlos dem Lustprinzip frönen und tun, was dir beliebt. Der Lachfilm ist polymorph-pervers, und deswegen sind Liebesgeschichten hier eher ein Störfaktor.

Das mag ja alles für Slapstick gelten, aber was ist beispielsweise mit *Bringing Up Baby* von Howard Hawks, diesem ultimativen Screwballfilm? Eine gute Frage. Aber *Halliwell's Film Guide* hilft weiter: »Outstanding crazy comedy which barely pauses for romance« – aha, Liebe spielt dort ja tatsächlich kaum eine Rolle! Das Verhältnis von Hepburn und Grant ist dem der Slapstick-Männerpaare ganz ähnlich, es ist ein Katastrophenverhältnis, ein Kleinkrieg, auch und gerade zwischen den Geschlechtern, und damit wären wir wieder bei den Theorien der Achtjährigen gelandet (»Mädchen beziehungsweise Jungs sind doof«).

Es gibt noch einen weiteren Grund, warum Liebe und Lachfilm nicht recht zueinander passen: Das Schema von Liebesgeschichten ist so strukturbildend, daß für eine erzählerische Anarchie, das spontaneistische Durcheinander des Lachfilms zuwenig Platz bleibt. Das Treffen, Verlieren, Wiederfinden der Liebesleute ist zwar schön und gut, aber das dauert, und nachher ist keine Zeit mehr fürs Tortenwerfen!

In Lachfilmen ist der Plot ein Vorwand, interessiert sind wir an den »vaudeville routines«, deren schönste bei den Marx-Brothers zu finden sind: in *Duck Soup* die Spiegel-Szene und dieser ungeheuerliche Kleinkrieg zwischen Chico als Erdnußverkäufer und dem Limonadenmann; oder in *A Day at the Races*, wenn Chico (»Get your tootsie-fruitsie ice cream«) Groucho am Wettschalter das *Code Book*, das *Master Code Book*, den *Breeder's Guide* usw. verkauft; oder das berühmte »cross-talking« aus *Cocoanuts*, wenn die bloße Erwähnung eines Viadukts zu einem zehnminütigen Wortwechsel zwischen Groucho und Chico führt, der stur darauf beharrt, alles verstanden zu haben, nur nicht: »Why a duck, why not a horse?«

Oder die Billard- und Jonglier-Routines bei W.C. Fields, sein »It ain't a fit night out for man nor beast« aus *The Fatal Glass of Beer*, und dann kriegt er die Ladung Schnee ins Gesicht – wer diese Filme nicht kennt, der langweilt sich jetzt vielleicht ein bißchen, aber erstens: »All the jokes can't be good, folks«, sagt Groucho; und zweitens: Wer kann denn schon Oliver Hardys »tie twiddle«, dieses Fummeln an der Krawatte, wenn er aufgeregt-durcheinander ist, beschreiben, oder seinen berühmten langgezogenen Leidensblick in die Kamera? Also.

Und was ich alles nicht erwähnt habe: Harry Langdon und Buster Keaton, Fatty Arbuckle, die Keystone Kops,

Harold Lloyd. Und überhaupt, dieses Herumgereite auf polymorph-pervers, anarchistisch, Misanthropie, Zerstörungslust – was ist mit dem Tanz von Stan und Ollie in *Way Out West* und den Musikeinlagen von Harpo und Chico? Sind die nicht von solch überirdischer Schönheit und Harmonie, daß sogar wir bösartigen Achtjährigen stille werden und dunkel ahnen, daß es noch etwas anderes gibt als Verfolgungsjagden, Tortenwerfen und Kaputtmachen? Daß es so etwas gibt wie Zärtlichkeit, ja: Liebe? Aber keine Sorge, noch kriegen sie uns nicht: »Halbzeit!«

Die Vorzüge der Enten, Katzen und Mäuse

Zeichentrickfilme

Um bei diesem Genre nicht gar zu nostalgisch zu werden (der Fünfzigjährige möchte fünfzehn sein), habe ich mich in die schnöde Gegenwart und *Pocahontas* begeben. War auch nicht so schlecht, wie ich befürchtet hatte. Gute Animation, nicht dieser Billig-Zeichentrick, den wir von den TV-Cartoons kennen. Aber das kann man schließlich vom Kino und Walt Disney verlangen. Was freilich die viel besprochene Computergenerierung angeht, was durch die besser sein soll, können mein Auge und meine Seele nicht entdecken.

Kürzlich habe ich noch einmal *Bambi* (1942) im Kino gesehen, und das war wunderbar, und die Bilder waren technisch genauso gut wie die von *Der König der Löwen* (1994). Beide Geschichten sind übrigens ganz ähnlich: Bildungsromane, die Erziehung des Prinzen, auf daß er sich seines schweren Amtes würdig erweise. Aber beim Löwen-Film bin ich, trotz der grandiosen Eingangssequenz, insgesamt ähnlich kühl geblieben wie bei *Pocahontas*.

Nicht so bei *Bambi*: Wir alle haben wieder sehr geweint, wenn Bambis Mutter stirbt und der König des Waldes zu Bambi sagt:»›Du mußt jetzt tapfer sein und mußt lernen, allein für dich zu sorgen. Komm, mein Sohn, ich will dich lehren, was du wissen mußt.‹ Mit diesen Worten verschwindet der Alte langsam und majestätisch im dichten Gebüsch, woraufhin ihm der Junge folgt, traurig und gedankenvoll.«

Ja, da fließen die Tränlein, denn traurige und gedankenvolle Bambis, die dermaleinst König des Waldes werden wollen, sind wir bekanntlich alle. Aber wir haben auch viel gelacht: über Klopfer, den lustigen Hasen; das possierliche Stinktier; über das pfiffige Opossum; wenn die süße Feline Bambi den ersten Kuß gibt, igitt (und wie schön); oder wenn Bambi auf dem Eis ausrutscht und ulkig über den See schlittert.

Die schönsten, die lustigsten Szenen in *Pocahontas* sind die zwischen dem Waschbären, dem Kolibri und dem fiesen Mops, im Löwen-Film die zwischen dem Warzenschwein und dem Erdhörnchen. Ansonsten gibt es nicht viel zu lachen, und das ist schlecht. Denn Zeichentrickfilme, das befindet sogar der strenge und moraline Jerzy Toeplitz in seiner *Geschichte des Films*, haben »das Ziel, Komik zu erzeugen«, weshalb die kritische Kritik Walt Disneys Langfilm-Cartoons immer bemäkelt hat. Beispielsweise Siegfried Kracauer, indem er anläßlich von *Dumbo* (1941) darauf hinwies, daß ein abendfüllender Spielfilm einer Fabel bedarf, Cartoon wie Groteske aber »nicht die Verfilmung einer Handlung im üblichen Sinne, sondern die Herausarbeitung ausgezeichneter Momente bezwecken«: also von Pointen und Gags.

Nun liebe ich wie jedes Kind *Schneewittchen und die sieben Zwerge* (1937) oder *Peter Pan* (1953) oder *Pongo und Perdita* (1961), aber Kracauer hat recht. Wenn ich zurückdenke an mein Kino, an die Kindervorstellung, dann waren es die Kurzfilme von Micky Maus und Donald Duck bis zu Tom & Jerry, die das größte Gelächter, das ungehemmteste Vergnügen hervorriefen. Wie ich schon über Slapstick sagte: Handlung ist problematisch, wo's ums Lachen geht.

Die Faustregel also lautet: Kurze Zeichentrickfilme sind besser als lange; und lange, die eher dramatisch als komisch sind wie *Der König der Löwen* und *Pocahontas*, sind nicht so gut wie *Dumbo* oder *Das Dschungelbuch*.

Ein weiteres Problem von *Pocahontas*: Die Hauptfiguren sind Menschen. Die schönsten Cartoons aber haben Tiere als Helden: Elefanten, Hunde, Katzen; und natürlich Mäuse und Enten. Und was ist mit *Schneewittchen, Cinderella, Peter Pan*? Da kommen doch auch Menschen vor! Aber die Menschen dominieren nicht den Film, und die Zwerge und die Königin-Hexe sind naturgemäß viel interessanter als Schneewittchen und der doofe Prinz. Es handelt sich um Märchen, und Märchen sind davor gefeit, bräsig in die Realismusfalle zu tappen. Hexen, Feen, Zwerge sind Wesen, die wir in der Regel nicht sehen können, keine Menschen im strengen Sinne und daher also durchaus cartoontauglich – wenn auch nicht in dem Maße wie singende Glockenblumen, philosophierende Tausendfüßler und tanzende Skelette.

Was ja auch eigentlich auf der Hand liegt: Der Zeichentrickfilm kann machen, was er will und uns in eine Welt entführen, deren Grenzen nur von der Phantasie gezogen werden. Da wäre es doch geradezu kontraproduktiv (bescheuert), wenn er sich seiner virtuellen Medialität beziehungsweise medialen Virtuosität (N. Bolz) enthöbe und statt dessen darböte, was »ebensogut photographierbar« wäre, um »eine Wirklichkeit zu vergegenwärtigen, die zu ihrer Darstellung den Zeichenfilm gar nicht benötigt«, so wieder der schlaue Kracauer.

Und deshalb sind meine Lieblinge unter den Langfilmen auch *Fantasia* (1940) und *Alice im Wunderland* (1951). Wer nicht in Verzückung gerät, wenn niedliche Nilpferddamen in rosa Röckchen zur Musik von Mussorgski einen bezaubernden Reigen tanzen, oder wenn ein Märzhase, eine Schlafmaus und ein verrückter Hutmacher eine Teeparty feiern, auf der herumgesudelt wird, wie wir in unserer Scheißrealität auf unseren Partys nie herumsudeln durften, und außerdem feiert man dort, statt des einen einzigen Geburtstages bei uns, 364 Tage Nichtgeburtstag! – wer darob nicht in Verzückung gerät, der hebe sich hinweg und gehe schnurstracks in den nächsten Autorenfilm.

Seine »bekannte Schwäche und Sentimentalität« (Enno Patalas' *Filmkritik* 1957) hat man Walt Disney und seinen Langfilmen von Anfang an vorgeworfen. Zu Recht, aber die Kritik hat dabei etwas einfallslos aus der Perspektive der Erwachsenen geurteilt und übersehen, daß Kinder, das genuine Publikum dieser Filme, zur Sentimentalität ein anderes, ein lockeres Verhältnis haben. Sie haben keine Angst vor Kitsch und fetten Gefühlen, schrecken nicht geradezu reflexhaft davor zurück – was ja schon der Erfolg dieser Filme seit fast sechzig Jahren und auf der ganzen Welt belegt. Selbst aus einem so schwachen Film wie *Pocahontas* können Kinder noch etwas mit nach Hause nehmen, wie die Fünfjährige, die mit niedlicher Piepsstimme am Ende konstatierte (wahre Geschichte, ich schwöre es): »Schöner Film, aber 'n bißchen traurig. Und das Popcorn nehm' ich mit nach Hause!«

Heaven, I'm in heaven

Das Musical und die Aufhebung der Schwerkraft

»It's showtime, folks!« So beginnt *All That Jazz* (1979), ein sehr merkwürdiger Film, selbst für ein so kurioses Genre wie das des Tanzens und Singens: Bob Fosses Geschichte eines Choreographen und Regisseurs, genauer gesagt: seines Sterbens wg. zuviel Arbeit, Drogen, Sex.

Eine satirisch-autobiographische Mischung aus Tanz und Herzoperation, kommentiert von einem wunderschönen fellinesken Todesengel, und der Todeskampf unseres Helden – Roy Scheider, ausgerechnet! – wird als großes Finale inszeniert, irgend etwas zwischen Oscar-Preisverleihung und Dieter Thomas Heck, eine halbe Stunde lang, mit Treppen und Drehbühnen, Klatschpublikum, Showgirls und mit Stargästen, die sagen, was sie bei solchen Gelegenheiten immer sagen: Sie liebten die Show und deren Regisseur, denn er sei »ein großer Entertainer, ein großer Künstler und ein großer Freund« – falsch! Er sei egozentrisch, überschätzt und ein Arschloch, und der Chor singt die ganze Zeit »Bye-bye love, bye-bye happiness, hello loneliness, I think I'm gonna die«, was nicht sehr witzig wäre, und deshab singt er statt »love« »life« und wird immer langsamer und leiser – und tschüß! Das ist ähnlich anrührend wie das Verlöschen des Computers HAL aus *2001*, wenn er abgeschaltet wird und mit ersterbender Stimme »Hänschen klein« singt.

Ob *All That Jazz* gut ist? Vielleicht ist er ein bißchen sehr bizarr und ambitioniert (»More an art item«, sagt Mr. Halliwell), man fühlt sich nicht nur wegen der Künstlerideologie (»Leben gab ich für Werk«) gelegentlich etwas uneasy und beklommen. Aber das Groteske des Films, die Idee, ein richtiges Musical mit allen Schikanen übers Sterben zu machen, ist schon sehr hanebüchen und bestrickend. Vor allem bewundere ich, daß es Fosse gelungen ist, für diesen ersichtlich teuren Film den Produzenten eine Menge Geld abzuluchsen. Nach dem Triumph von 1972, fünf Oscars! – »Willkommen, bienvenu, welcome: im Cabaret, au Cabaret, to Cabaret! Leave your troubles outside! Life is disappointing? Forget it. In here life is beautiful. Even the orchestra is beautiful«, dieses wunderbare Eingangslied des Zeremonienmeisters Joel Grey, das das Versprechen und die grandiose Nichtigkeit des Musicals und also Hollywoods wie kaum ein zweites ausdrückt –, hatten die Produzenten Fosse offenbar einen ähnlichen Erfolg zugetraut, aber *All That Jazz* war ein ziemlicher Flop, den Sie sich unbedingt ansehen sollten, und sei es als Beleg dafür, daß sie in Amerika mittlerweile sogar die besseren Autoren- und Kunstfilme drehen.

»All singing, all dancing!« – Ende der zwanziger Jahre, mit dem Tonfilm, wurde Hollywood musicalverrückt, von *Broadway Melody* bis *Gold Diggers,* und Anfang der Dreißiger dann *Forty-Second Street*: das klassische Musical, das erzählt, wie ein Musical entsteht, mit »auditions«, bei denen der Regisseur als Herr über Leben und Tod die Tänzer auswählt, Backstage-Szenen, Liebesgeschichten, mißglückter Generalprobe, dann springt der Geldgeber ab, der Star bricht sich das Bein, und Ruby Keeler, die begabte Anfängerin, bekommt ihre Chance und, was soll ich sagen: Die Show wird ein Riesenerfolg!

Hundertfach kopiert und immer wieder schön: Busby Berkeleys tanzende beziehungsweise schreitende Mädchenhundertschaften, Treppe rauf, Treppe runter, parallel, diagonal, dann der berühmte »overhead shot«, und die Girls sinken hin, als würde sich ein Blumenkelch öffnen, daß der Herrgott neidisch werden und ein alter Achtundsechziger/Feminist sofort eine zornige Rede über Körperpolitik und die Frau als bloßes Ornament einer dekorativen Macho-Ästhetik halten könnte... Ist ja auch wahr! Und wenn Berkeleys Damen und Herren dann nicht nur nicht tanzen, sondern fast marschieren, kann einem schon ein bißchen blümerant werden. Und dann sehnt man sich nach Fred Astaire und Ginger Rogers und beginnt von *The Gay Divorcee* (1934) zu schwärmen... Hören Sie auch diese Melodie? Das ist doch »Night and day« von Jacobs Kaffee, nein: Cole Porter, und da ist ja auch unser Paar, wie es über den spiegelnden Marmor gleitet, Astaire im Frack, Rogers im weißen Abendkleid – »Night and day, you are the one, only you beneath the moon and under the sun«, und Ginger, die aus vielen Gründen und weil es so im Drehbuch stand, abweisend und kratzbürstig zu Fred sein muß, schmilzt dahin, und wir schmelzen mit.

Und dann tanzen und singen sie »Heaven, I'm in heaven, and my heart beats so that I can hardly speak, and I seem to find the happiness I seek, when we're out together dancing cheek to cheek« – halt, stopp, das ist von Irving Berlin und aus *Top Hat* (1935), aber das ist so eine Art Remake von *The Gay Divorcee*, weshalb wir beide Filme zusammenwerfen dürfen, und Edward Everett Horton spielt ja auch wieder mit. Daß Fred unter einer geheimnisvollen Krankheit leidet – »Immer wieder stelle ich erstaunt fest, daß ich plötzlich tanze« –, ist für uns ein Glück, gibt es doch in *Top Hat* eine Reihe überirdische Step-Einlagen, und daher summen auch wir »Heaven, I'm in heaven«, weil es die lautere Wahrheit ist.

Was wäre noch alles zu erzählen: daß der riskanteste Reim des Frederick Austerlitz, so sein bürgerliche Name, lautet: »Ich will mich nick exkusen, ich lieb' ein großen Busen« (aus *The Band Wagon*); daß er seiner besten Partnerin Klasse gab, und Ginger gab ihm, dem schmächtigen Mann mit dem vertrockneten Gesicht, Sex; daß er wie kein anderer verkörpert, womit Amerika die Welt erobert und verzaubert hat, bis heute: das Kino und die populäre Musik, und wenn beides im Tanz verschmilzt, haben wir ein Musical (prima Definition!); oder das erste Hollywood-Gutachten über ihn: »Can't act. Can't sing. Slightly bald. Can dance a little«, was uns Glatzköpfe aufseufzen und hoffen läßt.

Wenn Astaire zu tanzen beginnt, hat die gute alte Schwerkraft ausgespielt, dann schweben wir, dann fliegen wir, und Trauer und Vergänglichkeit fallen ab von uns. Wer das Eskapismus nennt, hat recht und nichts verstanden; denn es handelt sich um nichts anderes als: konkrete Utopie (im Blochschen Sinne), jawoll.

Und was ist mit Gene Kelly undundund? Leider ist unsere Sendezeit fast zu Ende, aber zuvor möchte ich noch meinen Eltern danken für die wunderbare Kindheit in unserem Kino, den »Altenwerder Lichtspielen«; außerdem meiner Producerin, ohne deren Glauben an meine Visionen ich heute nicht hier stünde. Danken möchte ich auch meinen Lesern – Ihr wart ein wundervolles Publikum! Selbst den Cineasten rufe ich zu: Keine Feindschaft wegen Godard – ich liebe euch doch alle! Ich muß jetzt gehen, aber vielleicht, wer weiß, nicht für immer (beginnt volles Rohr zu singen): »We'll meet again, don't know where, don't know when...« (Das Publikum löst sich blitzartig aus seiner Erstarrung und beginnt, wie am Ende von *Duck Soup*, harte Gegenstände auf den Sänger zu werfen. Eiliger Abgang.)

Lichtspiele

Bekenntnisse eines Videobauern

Öfter als ein-, zweimal pro Monat gehe ich in den letzten Jahren kaum ins Kino. Der notwendige Film-Stoff wird übers Fernsehen geliefert; neuerdings, um nicht ganz von den TV-Dealern abhängig zu sein, habe ich mir ein Videogerät zugelegt. Im Leben eines Filmeguckers ist das ein Einschnitt, der dem welthistorischen Übergang von der Jäger- und Sammlerexistenz zur Epoche der bäuerlichen Vorratswirtschaft entspricht; praktisch der Beginn der Kultur.

Das Filmjägerleben ist anstrengend, unsicher, abenteuerlich: Wie oft durchstöbert man das Dickicht der Kino- und Fernsehprogramme, ohne fündig zu werden! Aber dann, ganz unverhofft, wird auf Bayern III oder in einem dieser niedlichen Gilde-Kinos *Midnight* mit Claudette Colbert und Don Ameche gezeigt. Welch Glücksgefühl durchströmt das Herz, solch rares Wild zu sehen!

Das Leben des Videobauern ist sicher, geordnet, auch ein bißchen langweilig. Aber im Unterschied zum Jäger, der der Natur und den Göttern ausgeliefert ist, muß er nie hungrig ins Bett, denn ihm stehen die häusliche Vorratskammer oder die nächste Videothek offen. Das ist zweifellos ein Fortschritt, aber er verlangt seinen Preis: Der Videobauer ist ein Kind der Moderne, er glaubt nicht mehr an Götter, selbstermächtigt stillt er sein Verlangen, zahlt für sein Vergnügen. Er lebt gut, aber nicht, wie der archaische Filmjäger, im Einklang mit der Natur, im Stand der Gnade...

Tempi passati! Wie welthistorisch dem Jäger der Bauer folgte, dem Umherstreifenden der Seßhafte, der Anwalt dem Cowboy (die Bemächtigung der Natur durch die Zivilisation ist das große Thema des Western), so bin auch ich vom Filmjäger zum Videobauern geworden.

Apropos Western. Letztes Wochenende habe ich zum ersten Mal *The Big Trail* von Raoul Walsh gesehen, eine sehr teure, ambitionierte Produktion aus dem Jahre 1930, die aus vielerlei Gründen ein totaler Flop wurde. Einer der Gründe ist John Wayne in seiner ersten Hauptrolle, aber er kann's noch nicht, weiß nicht wohin mit den Händen, lächelt immerzu und hat auch noch viel zuviel Dialog – aber er ist zuckermäßig hübsch, eine richtige Beauty, daß man sehr aufpassen muß, sich nicht in diesen androgynen Jüngling zu vergaffen...

Apropos Jüngling. Der zweite Film meines Videoexzeß-Wochenendes war *American Graffiti*, George Lucas' Adoleszenzbeobachtung von 1973. Ich erinnere mich gut, als ich ihn damals sah: diese Musik – von »Get a job« (The Silhouettes) und »Runaway« (Del Shannon) über »The stroll« (The Diamonds) und »You're sixteen« (Johnny Burnette) bis »At the hop« (Flash Cadillac and The Continental Kids) und »Ya Ya« (Lee Dorsey); diese Autos; das nächtliche Cruising in der kalifornischen Kleinstadt; das Geschlechtergebalze; Wolfman Jack; und – aber das ist ein wenig peinlich und muß deshalb unter uns bleiben – der Held des Films, Richard Dreyfuss, heißt ausgerechnet »Curt« und wird auch noch, so erfahren wir im Abspann, Schriftsteller. Daß ich, damals selbst ein Jüngling, solchen Identifizierungsangeboten nicht widerstehen konnte, wird jeder einsehen.

Aber auch jetzt war ich wieder sehr angetan, berührt (nicht geschüttelt), betroffen gar, und nicht nur, weil ich, inzwischen ein reifer Mann, leicht umflort meiner eigenen Jugend zusah – dazu bin ich ein viel zu selbstreflexiver, ja selbstkritischer Mensch. Lucas hat ein wirkliches Meisterwerk geschaffen, den Prototyp des modernen Adoleszentenfilms, der oft kopiert, aber, versteht sich, nie erreicht wurde.

Außerdem – Cineasten, aufgepaßt! – ist *American Graffiti* eine wunderbare Synthese aus amerikanischem und europäischem Kino: ein Stimmungsbild fast ohne Plot, die Geschichte einer Nacht, elegisch wie Chantal Akermans *Toute une nuit*, aber glücklicherweise, typisch

Amis!, auch zum Lachen, der Übergang vom Jugend- ins Erwachsenenleben, »rites de passage« und all das Zeug, Sie wissen schon...

Das war ein guter Auftakt für mein Videoexzeß-Wochenende; danach wurden dann noch *Fantasia* von Walt Disney und der erste Teil des *Paten* weggeguckt, und getröstet ging der Videobauer bei Tagesanbruch ins Bett: »Quelle nuit!«

Fügt ein, stellt um: der Produzent

Pandro S. Berman ist tot. Er, der typische amerikanische Selfmademan, den seine Freunde Pandro nannten, war einer der letzten großen Hollywoodproduzenten, einer aus der Reihe der De Milles, Goldwyns, Zanucks. Harte Männer, deren Besetzungscouch nie lange leer blieb, die über Karrieren entschieden, die Stars ebenso wie Dollars »machten«, filmisches Urgestein der »Golden Era«, nicht zu vergleichen mit den smarten, anonymen Möchtegern-Yuppies der Gegenwart, die an nichts anderem interessiert sind als: Mammon. Die Produzenten, nicht die im Rampenlicht stehenden Stars, waren die heimlich-unheimlichen Herrscher von »Tinseltown« (Flitterstadt, i.e. Hollywood), die Fürsten der »Traumfabrik«, die Aristokraten des »business«.

Im Unterschied aber zu seinen illustren Kollegen, Menschenschindern und Egomanen wie Selznick oder Thalberg, war Berman »im Grunde seines Herzens ein zarter, idealistischer, kindlicher Mensch«, wie es in dem Buch *David O. Selznick's Hollywood* heißt. Schon sein Vorname deutet fast prophetisch auf das Gutmütige, Einvernehmliche seines Charakters hin: Sein Vater wollte den am 28. März 1905 geborenen Steppke »Pedro« nennen, seine Mutter aber, eine Suffragette und praktizierende Feministin, plädierte für »Sandra«, woraus dann, ein »fauler« Kompromiß, »Pandro« wurde.

Lehrjahre sind keine Herrenjahre – dieses heute angestaubt wirkende Diktum hatte für Pandro eine tiefe Bedeutung, als er 1931 Assistent bei Selznick wurde. Vor versammelter RKO-Mannschaft zur Schnecke gemacht, regelmäßig mit tückischen Memos bombardiert, begann jetzt eine schwierige Zeit der Arschkriecherei für den »wonder boy«. Pandro über seinen Chef: »Im Studio kehrte er wirklich mit eisernem Besen.« Aber dann kam der Durchbruch, im »annus mirabilis« 1932, und ausgerechnet mit einem Film, der das menschenverachtende Studiosystem anprangert beziehungsweise dessen Humankosten immerhin andeutet: *What Price Hollywood?* handelt von einem genialisch-trunksüchtigen Regisseur, der von einem »ganz normalen« Produzenten in den Selbstmord getrieben wird – also »der Mythos Hollywoods mit seinen Geschichten von maßlosen Regisseuren, die mit ihrer Phantasie und Kreativität immer wieder die wirtschaftliche Situation der Filmindustrie ins Wanken brachten, was schließlich zu ihrem Sturz und zur Institutionalisierung des Produzenten führte«. Im Klartext: der titanische Kampf zwischen Kunst und Kommerz, hier freilich, typisch Hollywood, sentimental abgemildert.

Die wahre, die ungeschminkte Wahrheit über diesen Kampf konnte nicht in Amerika ausgesprochen werden; hierzu bedurfte es eines Europäers: Jean-Luc Godards, der für seine Erneuerung der Filmkunst kürzlich zu Recht den Adorno-Preis bekommen hat. In *Le Mépris* (1965) zeigt er, daß Produzenten strukturell böse sind: »Die Ehe eines Drehbuchautors zerbricht bei den Arbeiten zu einem Odysseus-Film, weil seine Frau glaubt, er wolle sie an den Produzenten abtreten, um die eigene Position zu sichern. Ein Film über das Drehen von Filmen... Auffallend ist die Farbdramaturgie: Braun und Grün dominieren bei den Außenaufnahmen, Rot, Blau und Weiß in den Innenräumen. James Monaco sieht darin das visuelle Äquivalent für ›den Gegensatz von Frankreich und Italien, von Godards Art des Filmemachens und der Pontis und Levines‹, der beiden Produzenten, die – Godards Wünsche mißachtend – Szenen einfügten (z.B. Nacktaufnahmen der Bardot) bzw. umstellten.« Der Film sei nicht so ganz gelungen, fährt das *Lexikon des Internationalen Films* fort, aber »doch sehenswert: als Dokument einer unermüdlichen Selbstreflexion«.

Godard entlarvt den Produzenten als Charaktermaske

des Kapitals, der nicht einmal vor dem menschenverachtenden Umstellen von Nacktaufnahmen zurückschreckt! Daß unter solchen Bedingungen Filmkunst nur als Palimpsest, als Flaschenpost überleben kann, versteht sich von selbst. Das ist nicht genug, aber zu Zeiten, da sich Amerika aufmacht, mit industriell erzeugter Massenware uns Europäern unsere Bilder, unsere Phantasien zu rauben, ist es nicht wenig.

Pandro Berman war ein untypischer Produzent, weich und ängstlich, und so konnte er nicht verhindern, daß die beiden schönsten Astaire/Rogers-Filme, *The Gay Divorcee* und *Top Hat*, unter seiner Ägide entstanden sind, nicht zu vergessen *Ivanhoe*, den Kenner wie ich für den besten Ritterfilm halten. Eher geht ein Kamel durch ein Nadelöhr, als daß ein Produzent in den Himmel kommt – wohl wahr, aber der liebe Gott soll Astaire-Fan sein, und man hat schon Pferde kotzen sehen... So long, Pandro!

König der Peniden:
James Cagney

Er war eine Art König der Peniden – ein kleiner Mann, dessen ganzer Körper wie permanent eregiert wirkte, berstend vor Energie: James Cagney, 1899 in New York geboren, 1986 gestorben. Seine beste Zeit waren die dreißiger und vierziger Jahre. Berühmt wurde er als *The Public Enemy* (1931). Weitere große Gangsterrollen hatte er in *Angels With Dirty Faces*, *The Roaring Twenties* und *White Heat*.

Sein Markenzeichen war die angespannte Aggressivität: Jemand muß ihn nur schief angucken, und schon holt er zu einem wilden Schwinger aus, wobei ihm dann häufig genug seine Freunde in den Arm fallen und den Schlag verhindern, was dem Theatralischen, Irisch-Angeberischen der ganzen Aktion oft eine komische Note verleiht. Neu und nicht unbedingt komisch aber war, daß Cagney seine Hand auch, horribile dictu, gegen Frauen erhebt: In der berühmten Szene aus *Public Enemy* drückt er seiner Freundin voller Wut eine Grapefruit ins Gesicht. Als ich das als kleiner Junge sah, war ich schockiert, und bis zum heutigen Tage erfüllen mich Grapefruits auf dem Frühstückstisch mit Unbehagen...

Lieber aber noch als seine Gangsterfilme sind mir Cagneys Komödien. In *The Bride Came C.O.D.* (1941) hat er endlich einmal eine Partnerin, die ihm gewachsen ist: Bette Davis. Beide versuchen permanent, den anderen auszubremsen beziehungsweise ihm die Szene zu stehlen, was unentschieden und folgerichtig im Bett endet: If you can't beat them, join them. Daß die besten Hollywoodkomödien die Beziehung zwischen Mann und Frau als Krieg der Geschlechter darstellen, mag zwar dem Vor-Schein des Utopischen im Sinne Ernst Blochs nicht so ganz entsprechen, ist aber insofern vielleicht der adäquate Ausdruck des Falschen im Falschen, als die Verhältnisse, wem sage ich das, nun einmal nicht so sind. Auf jedem Fall aber ist es sehr komisch, und einen Lacher soll man laut Lubitsch nie verachten.

Boy meets girl; boy verliert girl; boy findet girl wieder. So lautet das Erfolgsrezept für Liebesgeschichten, erklären die Drehbuchautoren Cagney und Pat O'Brien ihrem Produzenten, und der ist begeistert von diesem Geistesblitz: Drehen wir doch einen solchen Film, und heißen soll er *Boy Meets Girl*! Und so heißt denn auch der Film aus dem Jahre 1938, in dem dies erzählt wird, und er macht sich nicht nur über tumbe Produzenten und größenwahnsinnige Regisseure lustig, sondern zeigt uns auch, wie es sich gehört, die auf dem Studiogelände umherradelnden Indianer, Piraten und römischen Legionäre, eine verführte Unschuld und ihr Baby, das dem arroganten Cowboy-Star die Show stiehlt, und nicht zuletzt ein entzückendes Tänzchen unseres Drehbuchschreiberpärchens, das in nichts den schönsten und verrücktesten Tanzeinlagen der Marx Brothers nachsteht.

Was insofern kein Wunder ist, als auch Cagney vom Vaudeville kommt und sich ab 1920 als »song-and-dance man« auf Broadwaybühnen sein Geld verdiente (einige Jahre betrieb er sogar mit seiner Frau die »Cagney School of Dancing«). Seine Frau war ein »winger«, er war ein »hoofer«, und demzufolge sah ihr Steptanz elegant, astairisch aus, seiner aber, wie der Name schon sagt, war pferdemäßig und holzschuhtanzartig; »eccentric dance« nannte man das, und in *Yankee Doodle Dandy* (1942) kann man es genau studieren: Der Oberkörper ist ganz steif, die Arme hält Cagney halb angewinkelt, locker, als hingen sie an Fäden – die ganze Person wirkt wie eine Marionette, nur die Beine sind beweglich, aber maschinenartig, wie aufgezogen.

Vielleicht kann man es so sagen: Während Astaires Eleganz die Schwerkraft aufhebt (im Hegelschen Sinne), sie so charmiert, daß sie sich für einen Moment selbst vergißt und er ihr ohne Anstrengung auf der Nase herumtanzen darf (und Gene Kelly mit Energie und Anstrengung die Schwerkraft zu überwinden trachtet), ist Cagneys Tanz eine Inszenierung der Schwerkraft: Wie eine Puppe taumelt er an ihren Fäden über die Bühne, eine Mischung aus Grazie und Ungeschick; das ist komisch, aber auf Dauer auch ein bißchen langweilig, wie ein endloser Witz; keine Verzauberung, und *Yankee Doodle Dandy*, wofür Cagney den Oscar bekam, ist denn auch nicht der große Film geworden, den er sich erhoffte.

Das ist viel eher *The Strawberry Blonde* (1941), jedenfalls für mich, bei dem Raoul Walsh Regie führte. Die komische und rührende Geschichte eines Dentisten (!), der sich in eine kapriziöse rothaarige Schönheit verliebt (Rita Hayworth), die aber einem fiesen Erfolgsmann (wunderbar schleimig: Jack Carson) den Vorzug gibt; und unser Zahnarzt muß mit einer netten Krankenschwester (Olivia De Havilland) vorliebnehmen. Aber keine Sorge, am Ende erkennt Cagney, daß er den Glückstopf bekommen hat, er zieht seinem Widersacher die Zähne und vermerkt erleichtert, daß die Erdbeerblonde nur noch zetern und keppeln kann, verprügelt einige arrogante Yale-Studenten und geht fidel mit seiner Frau zum Tanzvergnügen von Schultz' Band – »The End«.

Aber der Film ist noch gar nicht zu Ende: »One moment please« sagt eine Inschrift, und das Management bittet das verehrte Publikum (»auf vielfachen Wunsch«), das schöne Titellied mitzusingen: »All right, folks, let's go!« Und dann erscheint der Text auf der Leinwand, ein irischer Suffkopptenor beginnt zu knödeln, und wir alle singen mit: »Casey would waltz with a Straw-berry Blonde, And the band played on...«

Zauber des Wohlklangs

Zur bedenklichen Funktion der Filmmusik

Wenn ich meine Lieblingsfilme Revue passieren lasse, gräme ich mich meistens über das schreckliche Durcheinander: Da liegen Western neben Krimis, Musicals neben Mantel-und-Degen-Filmen, da toben die Marx Brothers mit Hitchcock herum, Ford und Truffaut, Kubrick und Scorsese, Preston Sturges und Woody Allen – kein Godard, leider –, und es ist absolut kein Ordnungsprinzip erkennbar, nur Bruchstücke einer großen Konfusion...

Doch halt! Da fällt mir auf, daß es kaum einen Film gibt, den ich wirklich liebe, von Herzen (und wo es mir daher egal ist, was die zuständigen Filmbewertungsinstanzen von ihm halten), der mich nicht auch durch seine Musik verführt hätte, und die besten Stücke kann ich in der Regel sogar singen oder summen: das wunderbare irische Volkslied in *Young Mr. Lincoln*, wenn Henry Fonda am Grab seiner Geliebten mit ihr spricht; der große Gesang in *Red River*, wenn der Treck aufbricht; der Titelsong von *The Searchers*, gesungen von den unvergleichlichen und unvergessenen Sons of the Pioneers: »A man will search his heart and soul... Ride away, ride away, ride away...«

Bei manchen Filmen sind es aber nicht nur einzelne Songs, die mich verzaubern, da ist es der ganze Soundtrack. Ich rede hier nicht von dem Hintergrundgedudel: der singenden Säge, wenn das Unheil dräut; der Streicherorgie, wenn Herz und Schmerz verschmelzen; dem komischen Rülpsen des Saxophons, wenn wir lachen sollen – das ist auch sehr schön, aber für diese Art von Filmmusik gilt, was eine mittlerweile zum Glück obsolet, ja opak gewordene repressive Pädagogik einst kleinen Kindern vorzuschreiben sich nicht entblödete: Man soll sie sehen, aber nicht hören.

Beispielsweise der Soundtrack von *Vom Winde verweht*. Ich kann noch immer nicht recht glauben, daß der Film bei der triumphalen Preview ohne Musik gezeigt wurde, denn daß ich den Film liebe wie jeder Verständige, hängt ja nicht zuletzt von Max Steiners wunderbarer Musik ab. Wer nicht beim Main Title, dem »Tara Theme« – »Dadiiidadiii, dadiiidadiii, dadiiidadiiidiii, dadiiidadiii« –, mit den Tränen kämpfen muß, hat kein Herz.

Oder die Ballmusik in Atlanta, diese herrliche Polka, und zuerst sieht man nur Scarletts Krinolinenhintern, dann ihre kleinen, anbetungswürdigen Schühchen, im Takt der Musik auf der Stelle trippelnd. Oder das Liebesmotiv »Ashley and Scarlett« mit seinem endlosen Drängen und Sehnen – eine Nichterfüllung, mindestens so quälend wie in *Tristan und Isolde*, nur eben ohne diesen ganzen Germanenquatsch.

Apropos Wagner: Als Vorläufer von Gustav Mahler hat er ja zweifellos seine Verdienste, aber seine wahre Bedeutung wird einem erst klar, wenn man seinen Einfluß auf Hollywood bedenkt: Wagners Leitmotivik, das Ornamentale und Kulissenhafte – verquirlt mit dem Sentiment Tschaikowskys und einigen anderen spätromantischen Ingredienzien – waren doch die Quellen, aus denen die Steiner, Tiomkin, Rozsa, Newman, Korngold und Waxman schöpften! Alle übrigens nicht in Amerika geboren, und so zeigt sich auch in diesem Bereich der Filmmusik, daß das Verhältnis von Europa und Amerika ein durchaus produktives sein kann; in Abwandlung der Astaire/Rodgers-Charakterisierung könnte man sagen: »We gave them art, they gave us fun.«

Die richtig üppige, süffige, opernhafte Filmmusik hat ihre schönsten, fettesten und schillerndsten Blüten natürlich in solchen Momumentalschinken wie *Vom Winde verweht* getrieben, und zu dieser Sorte gehört zweifellos auch *Die Meuterei auf der Bounty* mit Marlon Brando, Musik von Bronislau Kaper (gebürtiger Pole):

das Hauptthema mit seinem Getröte und Gefiedel, volles Rohr begleiten die Hörner das Stampfen des Schiffes, und die Becken lassen musikalisch die Gischt spritzen; oder dieses wunderbare tahitianische Liebeslied, a capella, ein Frauenchor, in den manchmal die Männer hineinbrummen, sehr ernst und sehnsüchtig, wie sie eben ist, die dumme Liebe.

Oder *Der Pate*. Schwarze Leinwand, und es erklingen die ersten acht Takte des »Godfather Waltz«: eine einsame Trompete, die langsam und wehmütig, so wehmütig, ihre traurige Frage stellt, sie noch einmmal wiederholt und dann unbeantwortet verschweben läßt – und unsere kritischen Vorbehalte dem organisierten Verbrechen gegenüber, befürchte ich, sind schon eingelullt, bevor der Film überhaupt begonnen hat.

Das aber hat mit ihrer Macht die Musik getan, was schon Frieda Teller 1917 bemerkte, daß nämlich »die Musik im erwachsenen Zuhörer ›die Zensur aufweicht‹«. Weil der Raum des Hörens ja der früheste psychische Raum ist: »Schon vor der Geburt leben wir in einer akustischen Umgebung, bestehend aus dem Herzschlag, Verdauungsgeräuschen und der Stimme der Mutter«; nachzulesen bei Didier Anzieu und Guy Rosolata. Und deshalb vermag Musik eben »leichte Regression auszulösen, die den Zuhörer in das lustvolle Reich frühkindlicher Phantasien entführt«.

So steht es jedenfalls in einem Aufsatz von Claudia Gorbman, der die Zeitschrift *Wespennest* mit dem Thema Filmmusik ziert. »Musikgenuß kann ganz allgemein auf frühe Halluzinationen einer körperlichen Verschmelzung mit der Mutter beziehungsweise des vor der ödipalen Sprach- und Verbotskrise erlebten Einsseins mit ihr zurückgeführt werden.«

Das klingt zwar etwas schnoddelanalytisch, kommt mir aber insofern doch sehr zupaß, als damit meine fixe Idee, beim emphatischen Kinogeher handele es sich um den infantil-regressiven Typus, bestärkt wird. Musik ist im Kino so wichtig, weil sie unser »Ich mit dem Körper des Films verschmelzen läßt«.

Das gilt natürlich nicht für aufgeklärte und kritische Freunde des guten Films. Sie durchschauen ja die Tricks und Machenschaften, mit denen zynische Regisseure und machthungrige Komponisten sie zu betäuben und in eine Welt des angeblich »schönen Scheins« (Eskapismus!) zu entführen trachten. Allenfalls großen Meistern wie Nino Rota, der neben der Musik zum *Paten* diese unglaublich schönen, sehnsüchtigen Melodien für Fellini erfunden hat, für *La Strada* und *Il Bidone* und *Cabiria* – allenfalls Rota, Tiomkin, Rozsa und einigen anderen gelingt es manchmal, sie mit ihrer Filmmusik zu bezaubern, zu betäuben und frühkindlich-regressiv zu verschmelzen, mit wem auch immer (Brando als Mama-Ersatz?).

Dann wäre es aber nicht verwunderlich, wenn sogar kritische Menschen wie Sie und ich im Kino primärprozeßhaft überflutet würden und sich diesem Zustand hingeben könnten, wenn wir dort lachten, weinten, sängen (letzteres sollte lautlos vor sich gehen) und außer uns, nämlich auf die Leinwand, gerieten: in den Körper von Jimmy Stewart oder Kate Hepburn, in die Bilder von Monument Valley oder New York, in die Musik von Gershwin oder Korngold. Ist ja nur für neunzig Minuten!

Wenn wir den Kinosaal verlassen, setzen wir wieder unser durchblickerisches Erwachsenengesicht auf und äußern uns ironisch darüber, daß jetzt sogar Woody Allen auf seine alten Tage in *Mighty Aphrodite* weich geworden sei und um ein Happy-End (»verlogen!«) offenbar nicht herumkomme. Und dann summen wir »Smile, and the world will smile with you«, aber kritisch.

Ein Name, den man sich nicht merken muß: Wendell Corey

Einem Klub, der Leute wie mich aufnimmt, würde ich niemals beitreten, sagte Groucho Marx – ich will Ihnen heute einen der exklusivsten Klubs der Welt vorstellen; er trägt den Namen Wendell Coreys.

Wer war Wendell, beziehungsweise Who Was Wendell? Für einige sind das die drei großen Ws der amerikanischen Filmgeschichte, für andere ist WC, wie seine Freunde ihn nannten, nichts als ein großes schwarzes Loch. Von 1947 bis zu seinem Tod 1968 drehte er immerhin vierzig Filme, in zehn spielte er sogar die Hauptrolle, in vielen anderen mit berühmten Stars zusammen: Clark Gable, James Stewart, Kate Hepburn, Joan Crawford. »American leading star«, schreibt der *Halliwell*, aber trotzdem sagt Ihnen der Name nichts, stimmt's?

Erst der feministische Dekonstruktivismus hat uns dafür sensibilisiert, daß das Problem nicht in einer Antwort auf die Frage »Wer war Wendell?« liegt, sondern darin, daß es diese Frage eigentlich nie gab. Offenbar war es WC gelungen, erkennbar mitzuspielen und sich gleichzeitig quasi unsichtbar zu machen – oder war er nur in der schieren Vergessenheit versunken? Wie auch immer, nach dem Verschwinden des Subjekts ist klar, daß Wendell Corey gerade als Vergessener schmerzhaft eine Leerstelle markiert, sich um so unvergeßlicher einschreibt in das Buch der Geschichte, eine Flaschenpost, die ich also hiermit entkorke...

Der Start war grandios: *Desert Fury* ist nicht einfach schlecht, sondern bizarr; eine Paramount-Produktion, Drehbuch von Robert Rossen, Musik von Miklos Rozsa, mit Burt Lancaster und Mary Astor, Lizabeth Scott und John Hodiak. In seinem wunderbaren Aufsatz »Ein Film ohne Bedeutung« analysiert David Ehrenstein *Desert Fury* als den schlechthinnigen mittelmäßigen Film, an dem man gerade deshalb sehr gut erkennen könne, was Kino eigentlich sei.

Dieses Melodram über eine junge Frau, die sich in dem Wüstennest Chuckawalla nicht in den guten Polizisten Lancaster, sondern den finsteren Spieler Hodiak vergafft, der des Mordes an seiner ersten Frau verdächtigt wird, interessiert hier wegen des Debüts von Wendell Corey. Er ist der Freund und Handlanger Hodiaks, und es ist erstaunlich, wie unverhohlen dieser Film aus dem Jahre 1947 die beiden als ein homosexuelles Paar zeigt. Corey ist der Liebende, der sich auch durch die regelmäßigen Demütigungen Hodiaks und dessen Turteln mit Lizabeth Scott nicht von seiner Liebe abbringen läßt. Damit alles seine Ordnung bekommt, muß Hodiak ihn daher am Schluß erschießen, bevor er dann selbst mit dem Auto in den Abgrund rast (pfeilgerade da, wo er seine erste Frau umgebracht hatte), auf daß schließlich Scott und Lancaster ernst, aber zuversichtlich in den Sonnenuntergang davonschreiten können.

Also ein ganz normales Melodram – was soll daran bizarr sein? Vieles, aber besonders Wendell Corey. Denn er ist nun alles andere als ein Schwulentraum. Er ist häßlich – nicht interessant häßlich, sondern einfach so häßlich; er könnte ohne Probleme in der *Lindenstraße* mitspielen. Aber wir befinden uns im Kino, nicht vor dem Fernseher. Wie kommt Wendell Corey in diesen Film, zu dieser Rolle? Er ist kein schlechter, aber allenfalls ein passabler Schauspieler. Ich finde, er hat stechende Augen, und sein normaler Gesichtsausdruck ist der eines Magenkranken; meinetwegen einigen wir uns darauf, daß er durchschnittlich und alltäglich aussieht, so wie Sie und ich. Aber im amerikanischen Kino müssen sich solche Typen glücklicherweise legitimieren: als komische Figur oder als Freund des Helden, damit der noch ein bißchen strahlender wirkt; oder auch – aber da geht es zumeist in die Hose –, um die Botschaft ins Bild zu setzen, daß wir Durchschnittler die eigentlichen

Helden seien. Das ist bekanntlich eine sentimentale Lüge, es sei denn, Jimmy Stewart oder Robert De Niro spielen unseren Part. »Bigger than life« bedeutet eben, daß auch der Normale im Kino mindestens ein Normalissimo sein muß, daß selbst das Ärmliche eine gewisse Prächtigkeit, ein Strahlen haben muß – jedenfalls niemals einfach billig wirken darf wie in TV-Serien.

Sehen Sie sich beispielsweise *The Furies* (1950) von Anthony Mann an, ungefähr so pervers und großartig wie *Duell in der Sonne*: Barbara Stanwyck und Walter Huston als Tochter und Vater, die sich gegenseitig vergöttern. Und wir können den Film überhaupt nicht genießen, weil wir die ganze Zeit ungläubig auf Wendell Corey starren, in den sich die Stanwyck verliebt haben soll. Wenn es nicht komisch wäre, wäre es obszön.

Es bleibt dabei: Unsereiner gehört vor die Leinwand, auf ihr hat er nichts verloren, im richtigen Kino jedenfalls. Und wenn Sie jetzt immer noch nicht wissen, wie Wendell Corey aussieht, dann schauen Sie in den Spiegel oder erinnern sich an den begriffsstutzigen Detektiv in *Das Fenster zum Hof*, dem Jimmy Stewart immer hinterher telefoniert. Und jetzt wissen Sie auch, warum der Wendell-Corey-Klub so irre exklusiv ist: Wir alle sind Mitglieder, aber keiner gibt es zu.

Ein Denkmal fürs Rädchen

Wer von Wendell Corey spricht, darf von Thelma Ritter nicht schweigen. Will sagen: Ein besonderes Vergnügen ist es, im Laufe eines Filmeguckerlebens auch die Schauspieler hinter und neben den Stars zu erkennen und zu kennen: Ist das nicht Harry Carey junior? Der ist aber alt geworden! Und hat immer noch das kecke Jungsgesicht.

Oder eben Thelma Ritter, die mit Wendell Corey das *Fenster zum Hof* ziert, als Krankenpflegerin von Jimmy Stewart, und die ihn so wunderbar strafend anguckt, wenn sie ihn »Spanner« nennt. Diese kleine freche Frau, die auch in *All About Eve* oder in ihrer schönsten Rolle, *The Misfits*, sardonische Kommentare über die Helden und Heldinnen abgibt. Sie ist nicht hübsch, sie trinkt zuviel, sie ist ein bißchen bitter, aber mit Würde und Humor – sie ist, mit einem Wort, wie wir, und wir sehen ihr gerne zu, denn ihre Normalität geht uns nicht auf die Nerven wie die unsere, da sie den Film nicht dominiert, sondern eben nur den gewöhnlichen Hintergrund für den Auftritt des Helden liefert, auf daß dieser, wie gesagt, strahlen und glänzen darf.

Zwei Regisseure, die ich besonders liebe, haben im Laufe ihres Lebens regelrechte feste Ensembles aufgebaut: John Ford mit seiner berühmten »stock company«, zu der auch Harry Carey junior gehörte, nicht unbedingt wegen irgendwelcher schauspielerischen Fähigkeiten, sondern weil er der Sohn vom alten Harry Carey war, des Stars in den ersten Filmen Fords, und somit gewissermaßen qua Geburt Mitglied der Ford-Familie wurde. Oder Andy Devine – das ist der fette Kutscher in *Stagecoach* und der lächerliche Sheriff in *Liberty Valance*; außerdem spielt er wahrscheinlich in fünfhundert anderen Western mit, oder auch diese absurd häßliche Knallcharge, die jeder Ford-Liebhaber kennt, aber nur ich und jetzt auch Sie wissen, daß dies Jack Pennick ist (der Sergeant Shattuck in *Fort Apache*).

Der andere Regisseur mit Familienanschluß ist Preston Sturges, dessen Komödien zu den schönsten der Filmgeschichte gehören, und was wären sie ohne William Demarest? Immer noch sehr schön, aber als Knattermime in *Sullivan's Travels* oder *The Lady Eve* (er ist der Diener Henry Fondas) erfreut er uns zuverlässig: ein vertrautes Gesicht, da fühlt man sich nicht so fremd, was ja gerade heutzutage in der anonymen Massengesellschaft nicht zu verachten ist...

Alle schwärmen von Fred Astaire, aber was ist mit Eric Blore, der in *The Gay Divorcee* und *Top Hat* seine wunderbaren Auftritte als exzentrischer Kellner beziehungsweise Butler (»We are Jones, Sir«) hat? Nur ein kleines Rädchen im Getriebe, aber es schnurrt doch recht schön und brav vor sich hin, und wenn es klemmt, dann können auch große Maschinen ins Stocken geraten...

Zur Familie zu gehören, hat bekanntlich nicht nur Vorteile. Man ist ihr ausgeliefert, und John Ford, der sich von seinen Jungs (Frauen gehörten natürlich nicht zu seiner »stock company«) tatsächlich »Pappy« nennen ließ, war oft ein ziemliches Ekel, das seine Leute lustvoll quälte. In solchem Ausmaß war William Demarest nicht abhängig, aber da Regisseure nicht nur in Hollywoodkomödien Reitstiefel tragen und sich gerne recht hunnenhaft gebärden, ließ er Sturges beim Tischtennis sicherheitshalber immer gewinnen...

Halliwell sagt über Demarest, daß er zu denjenigen Schauspielern gehört, die das Publikum erkennt und schätzt, obwohl es ihren Namen nicht kennt, weshalb ihnen hiermit im Sinne Richard-Weizsäckerscher Erinnerungskultur dieses kleine Denkmal gesetzt wird.

Verachtet mir also die Knallchargen nicht, und damit mir niemand Hollywoodhörigkeit nachsagen kann, will ich auch gerne noch Oskar Sima und Kurt Großkurth erwähnen. Sie alle haben ihr Bestes gegeben, so wenig es auch war; aber wird man dermaleinst von uns anderes sagen können?

Lean Production

oder England, du hast es besser

David Leans *Brief Encounter* (1946) bekommt im *Film Guide* vier Sterne, die Höchstzahl: Also ich weiß nicht. So schön es ist, daß der *Halliwell* nicht auf Prätention und Kunschtfilm abfährt, so eng ist oft seine Vorstellung davon, wie ein anständiger Film zu sein hat – anständig eben. Handwerklich sehr sorgfältig gemacht, die großartige Kamera Robert Kraskers, schwarzweiße Lichtspiele von der Qualität des *Dritten Manns*, aber »there's not a breath of air in it«, bemängelte Pauline Kael zu Recht, und aus amerikanischer Perspektive muß es in der Tat frustrierend sein, daß es zwischen den unsterblich Verliebten Celia Johnson und Trevor Howard zu nicht mehr als ein paar Küssen kommt: Beide sind verheiratet, aber nicht miteinander. Und als sie ihm, nach herzergreifendem und händeringendem Zögern, ins Apartment folgt, platzt dort sein Freund herein, und sie verschwindet über die Hintertreppe. Man hat den Eindruck, daß Noël Coward, auf dessen Theaterstück der Film basiert, nicht nur die englischen Konventionen der vierziger Jahre und eine sehr enge Form von Wohlanständigkeit beachtet, sondern als Schwuler geradezu mit Lust diesen Heteros die Suppe versalzt.

Der erste Film David Leans heißt *This Happy Breed* (1944), und er hat mir viel besser gefallen, obwohl er künstlerisch gesehen an *Brief Encounter* nicht heranreicht. Er erzählt die Geschichte einer Londoner Kleinbürgerfamilie zwischen 1919 und 1939: die Themse aus der Vogelperspektive, eine Straße mit diesen süßen, aneinandergeklebten Häuschen und den schmalen Gärten dahinter, dann fliegt die Kamera durch ein Fenster ins

Haus hinein, es ist leer, etwas verwahrlost, die Treppe hinab zur Eingangstür, die sich öffnet, und Robert Newton tritt herein. Er ist gerade aus dem Krieg zurückgekommen und zieht hier ein, mit seiner Frau (Celia Johnson), drei Kindern, seiner Mutter und der Schwägerin, und dann zeigt uns der Film, in diesen schönen frühen Farben, wie es bei englischen Kleinbürgern so zugeht.

Nicht viel anders als bei uns, die Tochter Queenie dünkt sich was Besseres, der Sohn schwärmt für den Sozialismus, mit dem Kriegskameraden von nebenan trinkt man beim Veteranentreffen einen über den Durst; Queenies Freund geht zur Marine, und sie lehnt seinen Antrag ab: Ich will nicht warten, sondern mein Leben genießen! Daß der verheiratete Mann, mit dem sie dann nach Frankreich durchbrennt, sie sitzenläßt, versteht sich von selbst, aber keine Sorge, unser treuer Mariner holt sie aus Froschland raus und verzeiht ihr, so sind wir Männer eben.

Und das soll nicht wohlanständig und konventionell sein? Doch, aber indem der Film diese Kleinbürger nicht überhöht, sie weder zum Salz der Erde macht noch zu abstoßenden Spießern, indem er, anders als *Brief Encounter*, kein bloßes Seelendrama erzählt und mit Rachmaninow herumfuchtelt, sondern mit Sympathie diese Familie beobachtet vor dem Hintergrund der Zeitgeschichte – die Parade der aus dem Krieg zurückkehrenden Truppen; der nationale Streik, und alle Räder stehen still; Chamberlain in Downing Street, der »peace in our time« verkündet, und die Menschen jubeln ihm zu –, indem der Film sich fürs Mobiliar und die Kleidung interessiert, die Tapeten und das Geschirr, die Sprache und die Manieren, dies alles sorgfältig beschreibt, führt er uns auf eine Zeitreise und zeigt uns eine glückliche Nation, oder jedenfalls das Bild, das sie von sich selber hat.

David Leans Porträt des englischen Kleinbürgertums ist liebenswürdig, vielleicht sogar geschönt, aber sicher keine schlichte Lüge, und ich habe es mit Faszination und ein wenig Neid betrachtet. Lean war zwar kein »flag waver«, aber das britische Thema hat ihn immer beschäftigt, von *Die Brücke am Kwai* über *Lawrence of Arabia* bis zu *A Passage to India*; Filme, die ich mag – *Lawrence* ist ein Meisterwerk –, aber das Patriotische, auch wenn es bei Lean nicht nur affirmiert wird, ist dem deutschen Zuschauer fremd und irgendwie unangenehm. Denn unser Blick ist »postnational«, und die Kennzeichnung, etwas sei ›typisch deutsch‹, ist unser schärfstes Verdikt. Das ist nun einmal so, und darüber muß man nicht räsonnieren. Freilich sehen das die Engländer und die Amerikaner anders, und ich muß leider gestehen, daß es mich rührt, wenn in Ciminos *The Deer Hunter* am Schluß in dieser zerbrechlichen Weise »God bless America« gesungen wird. Aber mein Problembewußtsein wächst.

Antwort auf die Frage,
ob Kinder im Film immer abscheulich sind

Wer Kinder und kleine Hunde haßt, sagt W.C. Fields bekanntlich, kann kein ganz schlechter Mensch sein – ein Satz, der gerade im kinderfeindlichen Deutschland so nicht stehenbleiben darf, weshalb ich in aller Deutlichkeit erkläre, daß ich nie etwas gegen kleine Hunde hatte, jedenfalls im Film. Beispielsweise Mister Asta in *The Thin Man*, dieser anbetungswürdige Foxterrier, dessen richtiger Name übrigens George war und der seine reifste Vorstellung in *Bringing Up Baby* gab, ein Gekläffe und Getobe, würdig einer Academy Award Nomination oder zumindest eines Ifflandrings.

Aber Kinder im Film – ist das nicht immer abgreiferisch und abscheulich? Nicht unbedingt, denken Sie nur an *E.T.* (meine Lieblingsstelle ist die, wenn die süße Drew Barrymore ernst und kokett zugleich zu ihrem Bruder »Schubs mich nicht, Schubsi!« sagt).

Auf der anderen Seite: *Wenn der Vater mit dem Sohne*, also Heinz Rühmann mit dem »kleinen Oliver Grimm«, ins feindliche Ausland flüchtet, weil er sein Pflegekind der aus den USA zurückgekehrten (Raben-)Mutter nicht ausliefern will, dann aber, wie das *Lexikon des Internationalen Films* wahrheitsgemäß schreibt, doch »verzichtet und fortan allein auf der Bühne steht« – als Musikclown! (»Lalelu, nur der Mann im Mond schaut zu, wenn die kleinen Babys schlafen, dann schlaf auch du«) –, das ist natürlich wirklich zum Kotzen, und ich erinnere mich genau, daß ich den Film 1955, als Siebenjähriger, schon nicht recht goutierte; frühreif, wie ich war, schwante mir, daß dies ein Tearjerker von der unsittlichen Sorte und daher abzulehnen war. (Wenn ich jedoch bedenke, daß dieser Film meine Abneigung gegen

Heinz Rühmann, melancholische Clowns, Pantomimen und André Heller begründet hat, muß ich ihm, Ironie des Schicksals, sogar ein bißchen dankbar sein.)

Andere Abgreiferfilme aus dieser Zeit, die den Zuschauern ein trauriges Kinderschicksal um die Ohren hauen, bis sie weinen, haben bei mir aber durchaus funktioniert. *Toxi* zum Beispiel, dieser süße, kleine Mischling (African American German), rührte mich so sehr, daß ich mir fast gewünscht hätte, selber ein Mischling zu sein. Oder *Rosen-Resli* mit der unvergleichlichen Christine Kaufmann, und wenn sie dann ihren Spitzentanz hinlegt mit den Nadeln im Schuh, die diese über alle Maßen böse Konkurrentin hineinpraktiziert hat, da fragte ich mich schon, ob ich nicht auch zum Ballett gehen sollte, ich war ja noch ein Kind!

Die ersten richtig guten Filme mit Kindern als Protagonisten waren für mich die nach den Romanen von Erich Kästner: *Pünktchen und Anton, Das doppelte Lottchen, Das fliegende Klassenzimmer* (1954), introducing Peter Kraus! Die waren zwar auch traurig, aber erstens gingen sie gut aus – der Sohn bekommt die Mutter beziehungsweise die Kinder bringen die Eltern wieder zusammen –, und zweitens waren die Kinder die Helden, nicht die Erwachsenen. *Emil und die Detektive* von 1931 war nicht so mein Fall, ich hatte zuviel Angst vor der großen Stadt Berlin, und der böse Dieb, Fritz Rasp, war einfach zu alptraumhaft böse.

Ein reines Vergnügen waren dann die Kalle-Blomquist-Filme, und Eva-Lotte – hübsch war sie in ihren Shorts und mit den langen Beinen, fast wie ein Junge – hatte diese wunderbaren Eltern, großzügig und schwedisch, womit ich natürlich nichts gegen meine Eltern sagen will, aber trotzdem. Und die Stadt sah so proper aus, und Schutzmann Björk war so jovial und freundlich – kein Vergleich mit Willy Wiesel (ich schwöre: das ist sein richtiger Name), unserem Dorfpolizisten, vor dem man beim Äpfelklauen auf der Hut sein mußte. Onkel Björk habe ich übrigens bei Ingmar Bergman wiedergesehen, in *Die Zeit mit Monika*, war das eine Freude!

Der allerschönste Kinderfilm war aber zweifellos *Tom Sawyer* von 1938, eine prachtvolle Selznick-Produktion, und dann die Szene, wenn Tom zur Strafe den Zaun streichen muß: Seine Kumpane lachen ihn aus, weil er nicht zum Fischen mitkommen kann, aber der bleibt ganz cool und tut so, als mache ihm die Arbeit Spaß, und die Spezln, unsicher geworden, bitten ihn, doch auch mal malen zu dürfen, was er ihnen dann großzügig gestattet, gegen ein kleines Entgelt, versteht sich: ein Taschenmesser, einen Frosch und was der Jungsschätze mehr sind.

Ich war wie vom Donner gerührt. So ein Schlaufuchs! Wenn man den anderen vorgaunert, daß etwas Spaß macht, kann man sie tricken. Das sollte ich mir merken, und damals begann eine Idee in mir zu keimen, die dann zu meiner Karriere geführt hat: Von Hollywood lernen, heißt siegen lernen!

Das sehr offene Geheimnis des Zirkusfilms

Müssen Sie auch immer im Zirkus weinen? Am Anfang und am Schluß, bei den Paraden, da fließen die Tränlein, daß Gott erbarm'. Und ich klatsche, bis meine zarten Hände rot glühen, denn meine Mutter hat mich gelehrt: Beifall ist der schönste Lohn für den Künstler.

Ich spreche vom ehrlichen Zirkus, Artistik und so. Am besten kann es der Chineserer, klein und zart, wie er ist. Der Russ' ist auch sehr gut, aber wenn er Bären in Schlittschuhe steckt und Eishockey spielen läßt, wird uns verweichlichten Tierfreunden etwas blümerant.

Unehrlicher Zirkus ist der Streichel- oder Blümchenzirkus, »Poesie«, Weißclowns etc.: der verhellerte. Aber vielleicht liegt solch harsches Urteil an meiner mentalen Verrohung. Nicht diskutabel jedoch erscheint mir Zirkus im Kino: Das ist, womöglich in bester Absicht!, ein Irrweg. Und warum? Weil die Filme so schrecklich simpel sind und sich vor Begeisterung gar nicht mehr einkriegen, daß sie uns das Allerneueste um die Ohren schlagen: den Gegensatz von Sein und Schein.

Aber sind die Clowns denn nicht wirklich durch die Bank Melancholiker und Fieslinge? Verbirgt sich hinter der Schwerelosigkeit, mit der die Vier Corellis durch die Zirkuskuppel fliegen (nein, Herr Kluge, alles andere als »ratlos«), nicht tatsächlich viel Arbeit, Müh' und Plag'? Ist das Leichte, wie Tucholsky eindrucksvoll stöhnte, nicht das Schwerste, gerade in Deutschland? Aber ja. Doch muß man dies höflich und diskret sagen, nicht so rechthaberisch-triumphal wie der Zirkusfilm. Außerdem hassen wir es, wenn man uns für dümmer hält, als wir sind. Denn den Gegensatz von Sein und Schein, Arbeit und Kapital, Bürger und Künstler kennen wir, recht eigentlich gesehen gehört das seit Jahrhunderten zum

Abgeschmacktesten, Herr Thomas Mann: Tonio Kröger und Hans Hansen, pfui!

Da nützt es nichts, wenn geliebte Stars mitspielen, die uns sonst die Stupidität des Genrefilms vergessen lassen: James Stewart und Charlton Heston in *The Greatest Show on Earth*, Burt Lancaster, Tony Curtis und Gina Lollobrigida in *Trapeze*. Selbst John Wayne in *Circus World* bleibt eindimensional, nichts von seiner üblichen Subtilität und Subversivität – das Idiotengesetz des Zirkusfilms hält auch ihn in Eisen.

Amerika, Hollywood!, sagen Sie jetzt. Aber auch Freddy Quinn in der alteuropäischen Version ist gescheitert. Vergleichen Sie Meisterwerke wie *Freddy unter fremden Sternen* oder *Freddy, die Gitarre und das Meer* mit *Freddy, Tiere, Sensationen*: kein Vergleich. Ja, gut, Freddy sieht sehr hübsch und lecker (Brusthaare!) aus im silberweißen Trapezlerdress, und wenn er die gestohlenen Pläne der ultimativen Trapeznummer wieder herbeischafft und den elterlichen Zirkus somit vor dem Untergang bewahrt, das hat was. Aber ist es mehr als »volkstümliche Unterhaltung mit viel Gesang, Rührseligkeit und Artistik«, wie das katholische *Filmlexikon* schneidend resümiert? Beim Filmegucken, das ist jedenfalls meine Ansicht, muß das Gehirn doch immer ein bißl dabeisein.

Ist denn *Circus* nicht der allerschrecklichste der Chaplin-Filme? Oder Jerry Lewis, lappt dessen immer schwer erträgliche Sentimentalität in *Three Ring Circus* nicht geradezu ins Verlogene (ja, *Hollywood Or Bust* ist toll)? Und selbst die Marx Brothers, sind sie in *At the Circus* nicht unter ihrem Niveau (Mr. Halliwell: »This film began the decline of the Marx Brothers«), trotz Grouchos wunderbarem Lied über »Lydia, the tattooed lady«?

Jetzt kommen Sie mir nicht mit *Lichter des Varietés* und *La Strada*! Erstens ist Varieté nicht Zirkus, und zweitens ist *La Strada* kein richtiger Zirkusfilm. Andersherum wird ein Schuh draus: Diese Zirkusmusikanten-Schlußsequenz in *Achteinhalb* ist zweifellos abscheulich (»poetisch«), ebenso wie die gräßlichen Gaukler in *Blow Up* – was für ein Gaunerfilm (wie so vieles von Antonioni)!

Merke: Wenn Clowns oder Zwerge durch den Film laufen (Bergmans *Schweigen*, Herzog!), ist etwas oberfaul (Tom DiCillos *Living in Oblivion* macht sich wunderbar darüber lustig), und so wollen wir Intellektuelle, wir Sein-und-Schein-Entlarver, uns in Zukunft von abgreiferischen Regisseuren und ihrem Zirkusschaum nicht mehr einseifen lassen.

Das große Gegenbeispiel zu meiner hübschen kleinen Theorie ist W.C. Fields *You Can't Cheat an Honest Man*, aber Fields ist so ein Misanthrop, daß die Schleimigkeit selbst dieses Genres an seiner Gemeinheit und Herzlosigkeit zerbröselt. Um diese Sein-Schein-Sache endlich auf den Punkt zu bringen: George Burns, der nicht zufällig den lieben Gott gespielt hat (ER soll sehr angetan gewesen sein), hat gesagt: Schauspielerei ist nichts anderes als Wahrhaftigkeit. Wenn man das vortäuschen kann, hat man's geschafft.

Und wieder quillt die Träne

Überirdische Filmanfänge

Es gibt Filmanfänge, die sind so überirdisch, daß es fast egal wäre, wenn es danach ziemlich mittelmäßig weiterginge. Tut's aber glücklicherweise nicht in *Manhattan*, Woody Allens Liebeserklärung an seine Stadt, zur Musik von »Rhapsody in Blue«, die ihren Höhepunkt erreicht überm Yankee Stadion, festlich beleuchtet (und von rechts fährt auch noch die Hochbahn ins Bild), und dann blitzt und funkelt hinterm Central Park ein Feuerwerk, in so herrlichen Farben, daß dies wohl auch an den Tränen liegen muß, die wieder wacker fließen, denn eigentlich ist der Film ja in Schwarzweiß.

Oder der Anfang vom *Paten*, wenn die Kamera langsam vom Gesicht des Bittstellers (»Ich glaube an Amerrika«) zurückzoomt, bis die Silhouette des Godfather-Kopfes die halbe Leinwand ausfüllt: Kann man diskreter und deutlicher zeigen, wer hier als Schattenmann die Fäden ziehen wird? Kann man eben nicht.

Oder Ken Russells bizarrer Mahler-Film, dessen Anfang ich aus der Erinnerung und daher vielleicht ein bißchen geträumt beschreibe: ein Bergsee, in den ein langer Steg führt, an dessen Ende eine Holzhütte steht, und wie von Geisterhand geht sie plötzlich, mit dem Einsetzen der Mahlerschen Musik, in Flammen auf, als wolle dies uns sagen, daß auch Mahler von seiner Kunst, sozusagen, feurig verzehrt wurde. Klingt abscheulich? Aber so ist der doch, der Künstler, fragen Sie Botho Strauß!

Die Mutter aller Anfänge aber ist fraglos in *2001: A Space Odyssey* von Stanley Kubrick zu bestaunen: Richard Straussens »Also sprach Zarathustra«-Motiv (das vorher doch kein Schwein kannte, und jetzt ist es ein Werbe-Jingle), und dann sehen wir den »Aufbruch der Menschheit« (vor circa vier Millionen Jahren), diese Wüstenlandschaften (die als »front-projection« gedreht sind: ein Foto wird auf eine riesige Leinwand projiziert und dann abgefilmt), die Affenmenschen bei ihrem mühsamen (sie sind Veganer) Broterwerb (das Baby ist übrigens ein Schimpanse), der Leopard mit diesem unglaublichen Augenleuchten – und dann steht da der Monolith, die Affen berühren ihn, ängstlich und aggressiv zugleich, dazu diese flirrende, astrale Musik von Györgi Ligeti: ein kleiner Schritt für die Götter, ein großer für die Menschheit, die daraufhin das Werkzeug erfindet beziehungsweise be-greift, daß man mit einem großen Knochen prima einem Lebewesen, Tier oder Mensch, aufs Haupt schlagen und es töten kann (dazu ertönt wieder das »Zarathustra«-Motiv, das ja passenderweise ein bißchen nazihaft ist) – was uns jetzt Gelegenheit gäbe, über den Fortschritt als Kriegsgeschichte bedenklich mit dem Kopf zu wackeln und daß Paul Virilio ein alter Hut sei, aber statt dessen weise ich lieber auf den berühmtesten Schnitt der Filmgeschichte hin, in dem sich der in den Himmel geschleuderte Knochen in ein Raumschiff verwandelt, das (jetzt kommt der dritte Strauß, Johann, ins Spiel) zur Musik der »Schönen blauen Donau« im Dreivierteltakt durchs All tanzt – und spätestens jetzt strömen die Tränen, daß man fast nichts mehr sieht.

Warum aber weint man? Es ist die Fassungslosigkeit und das Glück darüber, daß es so etwas Wunderbares, Vollkommenes gibt; es ist die Dankbarkeit darüber, so etwas sehen zu dürfen; und es ist auch ein bißchen Trauer darüber, daß man selber so etwas Schönes nicht zustande bringen wird. Es ist ein feiner Stich ins Herz, und du mußt dein Leben ändern.

Das erste Mal habe ich *2001* 1968 auf der Cineramaleinwand des Hamburger Grindelkinos gesehen, und ich war vom Donner gerührt und mir gewiß, daß ich ein »Achtundsechziger« werden würde.

Ein paar Monate später, in einem Münchener Autokino, kam dann die Bestätigung von höchster Instanz: Während des Films zuckten die Blitze nur so hinter der Leinwand am nächtlichen Himmel, ein Wetterleuchten, und der Herr (obwohl er ursprünglich auf Kubrick ein bißchen neidisch gewesen sein soll) war sichtbarlich mit uns.

Zeigt seine Nase

Ein Prosit auf W.C. Fields

Vor 119 Jahren wurde William Claude Dukenfield geboren – ein passender Anlaß, seiner zu gedenken. Das berühmte Foto, das noch heute manchen Spind ziert, zeigt ihn in leichter Untersicht auf einem Golfplatz stehend, in der rechten Hand hält er ein Baby am ausgereckten Arm, wie eine Sache, die er gleich fortschleudern will, in der linken einen Golfschläger, und das mürrische Gesicht läßt keinen Zweifel daran, daß er Babys (und Golf?) nicht mag. Aber W.C. Fields, so sein Künstlername, ist nicht nur kinderfeindlich – er ist mehr, viel mehr! Nämlich hunde- und, fast noch schlimmer, frauenfeindlich: »Frauen sind wie Elefanten. Ich sehe sie mir gerne an, möchte sie aber nicht besitzen.«

Bevor jetzt der nur allzu berechtigte Protest losbricht, will ich den Satz zitieren, der von seinen Gegnern immer unterschlagen wird, da er Fields' Misogynie relativiert, in ein anderes, milderes Licht taucht: »Ich habe keine Vorurteile – ich hasse alle gleichermaßen.«

Fields war also eindeutig kein Menschenfreund im Sinne und nach dem Vorbild Friedrich Schorlemmers, das Humanum war ihm wurscht, bedauerlicherweise. Und die angeblich karitative F.E.B.F.-Stiftung, für die er um Spenden bat, entpuppte sich als Tarnunternehmen in eigener Sache, standen die Initialen doch für »Fuck Everyone But Fields«.

Im Leben wie auf der Leinwand ein unangenehmer Patron, der sich seine Säufernase redlich ertrunken hatte, und doch – richtet nicht, auf daß Ihr nicht gerichtet werdet – war er ein Mit-Mensch, ein Bruder, dessen schwere Jugend sehr schwer gewesen war: armer englischer Einwanderer Kind, Hunger, Maloche, Prügel. Mit elf läuft der kleine Bill von zu Hause fort, schlägt sich als Tramp mit Gelegenheitsarbeiten durch, versucht sich als Jongleur: erst mit zwei Welpen, dann mit drei (später geht er zu Babys über...) – eine harte Zeit, oft weiß er nicht, woher er das (keineswegs üppige) Trinkgeld nehmen soll. Dann, plötzlich, die Wende. Fields ist kaum 22 Jahre alt, da darf er (zusammen mit Sarah Bernhardt) im Buckingham Palace vor Edward VII. eine Galavorstellung geben. Es ist wie ein Wunder! Das bißchen Jonglieren, Fields' komisch näselnde vornehme Sprechweise, der Witz seiner Monologe – und schon ist er ein gemachter Mann, verdient ein Schweinegeld, tritt auf dem Broadway auf, bei Ziegfeld, dreht ab 1915 Filme, und das Publikum liebt ihn, diesen saufenden Fiesling, Feigling, Schwierigkeitenmacher und Versager – er ist, mit anderen Worten, ein ganz normaler Mensch, nur ein bißchen mehr.

Aber im Unterschied zu uns verbirgt er seine kleinen Schwächen nicht, im Gegenteil, er stellt sie aus, fast im Joseph Beuysschen Sinne (»Zeige deine Wunde«) und konfrontiert uns solcherart mit uns selbst – W.C. Fields ist gewissermaßen der dunkle Spiegel, in dem wir unser ach so strahlendes Selbstbild von der anderen, der Schattenseite betrachten können...

Eigentlich ein schmerzhafter kathartischer Prozeß, aber auch und gerade in Fields' Filmen erweist sich erneut unsere »Unfähigkeit zu trauern«, und deshalb lachen wir lieber über die vier wunderbaren Kurzfilme, die Fields Anfang der dreißiger Jahre für Mack Sennett gemacht hat. *The Dentist* (die Arm- und Beinverschlingungen mit seiner Partnerin, der er die Zähne zieht, sind so eindeutig, daß nur eine entschärfte Version in die Kinos kam), *The Pharmacist*, *The Barber Shop* und, der schönste und verrückteste, *The Fatal Glass of Beer*, die eindringliche Warnung vor Alkohol, in der Fields als Trapper im Kampf gegen Schnee, Indianer, seinen Sohn und eine Zither liegt.

Von den vielen Filmen, die zu erwähnen wären, nur

noch zwei: *The Old-Fashioned Way*, wo Fields als The Great McGonigle einer umherziehenden Theatertruppe vorsteht, für die sich mehr Sheriffs als Zuschauer interessieren. Meine liebste Szene ist die des Spiels im Spiel, wenn ein Schmierenstück aufgeführt wird, mit Witwe und Tochter, die ein herzloser und verbrecherischer Vermieter (Tautologie!) – natürlich Fields mit Pelerine und Bösewicht-Schnurrbart – aus dem Haus treiben will, denn der Mann der Tochter hat sich in einer Bar betrunken und ist deshalb (»Shame! Shame!«) fortgelaufen... Mit Couplets zwischen den Akten und einem versöhnlichen Schlußbild – ach, warum muß das heutige Theater so ganz anders sein?!

Fields' bedeutendster Film ist *Never Give a Sucker an Even Break* (1941), zu verrückt und kompliziert zum Erzählen, zwischen einem Filmstudio, einem Flugzeug mit Aussichtsplattform, einem Venusberg und einem russischen Dorf umhertorkelnd, daß man am liebsten ein Glas hochprozentige Ziegenmilch trinken möchte. Neben *Hellzapoppin* der genialste, komischste und hollywoodverarschendste Film-Film, der je gedreht wurde und dessen Radikalität die großsprecherischen, das Medium reflektierenden »auteurs« der sechziger und siebziger Jahre sehr alt aussehen läßt.

Aber statt wieder Gräben zur Kunstfilmfraktion aufzureißen, schlage ich vor, daß wir jetzt alle, mit Fields zu sprechen, erst einmal einen Schluck Frühstück nehmen.

Und ewig lockt das Weib

Eine Registerarie

Für jeden Knaben schlägt die Stunde, da verlieren die kindlichen, unschuldigen Spiele mit den Kumpanen an Reiz, da entdeckt er – das Geschlecht, häufig genug das andere. Für mich war es soweit in *The Black Swan*, einem wunderbaren Piratenfilm mit Tyrone Power und Maureen O'Hara, den ich Mitte der fünfziger Jahre sah.

Bis dato hatten wir Achtjährigen ein eher ironisch-distanziertes Verhältnis zum Weibe gepflogen, im Leben wie im Kino. Mädchen waren okay, aber sie waren so anders, und man hatte mit Frau eigentlich nicht viel zu schaffen.

Und nun also Maureen O'Hara, deren Namen ich damals zwar nicht kannte, die mir aber schon dadurch aufgefallen war, daß sie in manchen Filmen am Ende John Wayne zufiel – und was gut genug ist für John Wayne, würde ja wohl auch gut genug für mich sein! Außerdem war sie, bei Licht betrachtet, doch recht hübsch und rothaarig und kratzbürstig – ich habe schon damals starke, emanzipierte Frauen den Heulsusen und Petzen vorgezogen! Und wenn sie am Schluß von *The Black Swan*, wie von Tyrone Power prophezeit, dreimal zärtlich »Jamie-boy« zu ihm sagen muß, bevor sie ihn küssen darf – das hatte was, da spürte ich plötzlich ein angenehmes Kribbeln, und die höhnischen »Halbzeit«-Rufe meiner Kumpane kamen mir deplaziert vor – aber das waren ja auch noch richtige Kinder.

Daß die O'Hara eigentlich zu alt für mich war, wurde mir bewußt, als ich Angelika Meissner in *Die Mädels vom Immenhof* sah. Gott, war das eine süße Dick (Dalli war Heidi Brühl, auch nicht schlecht, aber doch zu knabenhaft und burschikos: wenn schon Frauen, dann richtige!) mit ihren dunklen Augen und den engen Reithosen. Und wie sie den doofen Ethelbert – ein typischer arroganter Städter, den wir Dorfkinder schon lange auf dem Kieker hatten – zurechtrückte: Spitze! (Daß Ethelbert einen guten Kern hat und eigentlich nur strafferer weiblicher Führung bedarf, war mir schon klar, als er auf die Frage, ob er oft ins Kino gehe, weltmännisch antwortete: »Aber ja, das gehört doch heute zur geistigen Bildung jedes Mitteleuropäers.«)

Jetzt war der Damm gebrochen, und es ging Schlag auf Schlag weiter – ich war zu jener Zeit einigermaßen promiskuitiv: 1956 Marion Michael als *Liane, das Mädchen aus dem Urwald* – diese wunderbaren blonden Haare, hinter denen sie ein süßes Geheimnis verbarg, dessen Vorschein wir manchmal zu erspähen glaubten und das wir zwei Jahre später mit interesselosem Wohlgefallen betrachteten, wenn Debra Pagets Tempeltänzerinnen-BH sich in *Der Tiger von Eschnapur* so merkwürdig reizend verschiebt, daß sogar die böse Kobra ganz fickrig wird und sie dorthin beißen will, aber Walther Reyer, der Maharadscha, rettet sie und uns in letzter Sekunde.

Ich war jetzt zehn, und nichts Menschliches war mir fremd, ob Vivian Leigh oder Audrey Hepburn, ob Johanna von Koczian in *Wir Wunderkinder*, die als schnuckelige Dänin so betörend »Fischke-Händler« lispeln darf, ob Ingrid Andrée, von der ich keinen Film mehr weiß, die ich aber auch deswegen ins Visier genommen hatte, da sie mit dem netten, aber doch eher mickrigen Hanns Lothar verheiratet war, und bei solch einem schwachen Gegner rechnete ich mir für die Zukunft durchaus Chancen aus.

Damit war meine »éducation sentimentale« im Prinzip abgeschlossen – 1962, anläßlich der *Meuterei auf der Bounty*, gab es noch einmal gewisse Irritationen, als ich mich nicht so recht zwischen Marlon Brando und der zauberhaften Tarita entscheiden konnte: Jugendsünden! Meine letzte große Kinoverliebtheit habe ich 1980 erlebt, in Woody Allens *Manhattan*. Eigentlich ist Mariel Hemingway ja gar nicht schön, aber diese ruhige Entschlossenheit, diese Ernsthaftigkeit ihrer Liebe zu Allen, der herumzappelt und schlaubergerisch daherredet, wie Mittvierziger das eben tun, ist herzergreifend und fast nicht von dieser Welt – und deshalb gehen wir ja ins Kino. Mit der großen Filmkritikerin Pauline Kael zu sprechen: »I lost it at the movies.«

**Ein ziemlich zuverlässiger Weg,
Kinoenttäuschungen zu entgehen**

Gute Bücher lesen kann jeder Dummkopf. Aber erfolgreich ins Kino gehen ist eine große Kunst. Einmal dem Fehlloben der Kritik gefolgt, sagt Kafka, es ist niemals gutzumachen.

Das Problem liegt natürlich in der spezifischen Medialität des Mediums, im Strukturellen, klaro. Während man Bücher be-greifen kann, muß man Filme weg-gukken. Man kann Bücher aufklappen, man kann sie aber auch zuklappen (sie sind eben bloß »linear« und »monokausal«, wie McLuhan festgestellt hat) und mit freundlichem Bedauern sagen: Liebe *Niemandsbucht*, du bist so selbstzufrieden einsam, da will ich mich gar nicht aufdrängen, und dann geht man still und erleichtert davon.

Wer aber erst einmal im Kino gelandet ist, der ist gefangen und verloren. Leute, die während des Films hinausgehen, gibt es natürlich, das ist in einer freiheitlichen Demokratie, die so unvergleichlich viel freiheitlicher ist als Albanien beispielsweise, gar nicht zu verhindern. Aber diese Leute richten sich ja selbst, und deshalb sollte man sie nicht extra bestrafen, obwohl sie es verdient hätten.

Denn erstens gilt immer noch der Satz des filmpolitischen Urgesteins Herbert Wehner: Wer rausgeht, muß auch wieder reinkommen. Zweitens ist das schöne Geld futsch, zwölf Mark mittlerweile. Drittens könnte ja nach dem in der Tat grauenhaften Anfang der Film irgendwie besser werden – dieses »verfächerte« Medium, so wieder McLuhan, ist durch Einsteins Entdeckung des gekrümmten Raums (1905) und den »Einbruch der Telegraphie« eben nachlinear, also nicht vorhersehbar (Chaostheorie!). Und schließlich macht man es den Kretins, die den

Film prima finden, zu leicht. Wenn man sitzenbleibt, hin und wieder gequält aufstöhnt, »So eine Scheiße« zischt oder höhnisch lacht, kann man dem Publikum ganz hervorragend den Spaß verderben und insofern kulturpolitisch Flagge zeigen: Das einfache Publikum ästhetisch zu erziehen, es von unguten (und oft gewaltverherrlichenden!) Filmen abzubringen, es auf unser Niveau heraufzuhieven, ist keine leichte Aufgabe, aber eine durchaus beglückende.

Freilich gibt es auch Verstockte, da hilft dies alles nichts; man erkennt sie unfehlbar daran, daß sie einem heiser zurufen: »Wenn du Eierkopp jetzt nicht die Klappe hältst, gieb's (sic!) 'nen Satz heiße Ohren.« Typisch! Wenn sie nicht weiterwissen, drohen sie mit Gewalt – sie kennen ja auch nichts anderes, weil sie immer nur diese gewaltverherrlichenden Filme sehen: ein Teufelskreis!

Ergo ist es sehr wichtig, sich gut vorzubereiten, wenn man ins Kino gehen will. Bei älteren Filmen ist es einfach, da studiert man den *Halliwell's Film Guide*, alphabetisch nach Filmtiteln geordnet. Weil man aber oft den Originaltitel nicht kennt, braucht man auch unbedingt *Halliwell's Filmgoer's Companion*, ein Personen- und Sachlexikon.

Ein Beispiel: In dem süßen kleinen Filmkunstkino gibt es also *Mord, mein Liebling* aus dem Jahr 1944 mit – Dick Powell! Das ist dieser liebe Junge mit gewelltem Haar, der in Musicals (*Forty-Second Street*) und Komödien (*Christmas in July,* von Preston Sturges!) sehr schön den Netten gibt. Gucken wir also im *Companion* unter Powell nach: Der Film heißt: *Farewell My Lovely* – natürlich, Chandler! Im *Guide* bekommt er drei Sterne, vier ist die Höchstbewertung, die nur sehr selten vergeben wird: »One of the first *films noirs* of the midforties, a minor masterpiece of expressionist film making, and a total change for a crooner who suddenly became a tough guy.« Das wunderbare Mitchum-Remake von 1975 hat nur zwei Sterne, also rein ins Kino, und was soll ich sagen: Treffer, ein klasse Film.

Anders und schwierig wird es bei neuen Filmen, da sind wir dann, wenn wir nicht eine Reihe von zuverlässigen Kinogehern fragen können, den Kritikern ausgeliefert. Mein Rat: Lesen Sie die Filmkritiken in der *Zeit* und in der *taz*. Wenn die Hamburger etwas loben und die Berliner auch: Vorsicht! Wenn die *taz* lobt und die *Zeit* verreißt: eine sichere Bank, daß sie einen schönen Kinoabend erleben werden (wie immer ohne Gewähr).

Alleine oder mit Freunden ins Kino gehen?

Eine Aporie

Erfolgreich ins Kino gehen ist bekanntlich nicht einfach. So bist du zum Beispiel nicht im Stand der Gnade, wenn du alleine ins Kino gehst: ein Gezeichneter unter all diesen Pärchen und fidelen Jungmännerrädeln – wenn doch wenigstens das verdammte Licht endlich ausginge, auf daß die Dunkelheit des Kinos dich verschluckte und das Geflüster und Geturtel der anderen, der Glücklichen, aufhörte!

Schlimmer noch als diese quälenden Minuten vor Beginn der Vorstellung ist es, wenn sie zu Ende ist. Du blickst sehr cool und souverän, damit niemand auf den Gedanken kommt, dir fehle etwas, und wenn dann die anderen in die umliegenden Lokale strömen, um sich sinnlos mit Alkohol zu betäuben und ihre flachen, kenntnisarmen Kommentare abzugeben (»Ich finde, daß Emil Costarica ohne die blindsprachliche, äh: bildsprachliche Grammatik Godards gar nicht zu denken ist«), dann gehst du selber gemessenen Schrittes und ernsten Antlitzes in deine häusliche Hölle: einsamer nie!

Jetzt sagen Sie zu Recht: Dann geh doch nicht alleine ins Kino, sondern mit Freunden, anstatt uns hier die Hucke vollzujammern. Vielen Dank für den guten Rat! Aber was ist, wenn die guten Freunde diesen Film, den du ausgesucht hast, nicht mögen? Wenn sie geräusch- und vorwurfsvoll ihre Hintern alle paar Minuten hin- und herschieben – sie wollten ja den neuen Film von Jane Campion sehen (schon *Das Piano* war der reine Politkitsch gewesen) – und dir, sensibel, wie du bist, ein schlechtes Gewissen zu machen versuchen?

Dabei ist *Jane Austens Verführung* trotz des blöden

Titels wirklich bemerkenswert; eine kleine, billige Produktion, ursprünglich wohl nur fürs BBC-Fernsehen gedacht, die gleichwohl oder gerade deshalb die genaueste, einfühlsamste, der Literatur Jane Austens gemäßeste Verfilmung geworden ist; als sähe man auf der Leinwand, was sonst nur im Buch zu finden ist, in den Worten dieser wunderbaren Autorin: »ein winziges Stück – zwei Zoll – Elfenbein, auf dem ich mit so feinem Pinsel male, daß nach zäher Arbeit wenig Wirkung sichtbar wird«.

Das schöne, fortschrittliche Grundmotiv des Austenschen Werkes, es komme auf Charakter an, auf Intelligenz und Bildung, nicht auf Äußerlichkeiten, auf Herkunft und Aussehen, wird in diesem Film ganz ernst genommen: Die Heldin ist tatsächlich, was das Kino fast niemals sich traut, nicht hübsch; wenn wir sie am Schluß dennoch lieben und so froh sind, daß sie ihr Glück gefunden hat, dann deshalb, weil sie eine schöne Seele ist (insofern war Emma Thompson in *Sinn und Sinnlichkeit* eine falsche, weil zu attraktive Besetzung). Und das ist nicht nur im Sinne der Autorin und ihrer Romane, sondern auch in unserem; denn nur wenn es auf Intelligenz und Charakter, auf wahre Herzensbildung ankommt, nicht auf eine hübsche Larve, bleibt uns eine kleine Hoffnung...

Die »guten Freunde« aber, kaum sind wir draußen, fangen schon zu nörgeln an: Die Heldin sei häßlich gewesen, der Film billig und auch langweilig – natürlich hätte ich nun sarkastisch fragen können, ob sie schon mal was von Austen gelesen hätten, ob ihnen da nicht aufgefallen sei, daß es kaum Verfolgungsjagden, Schießereien und sonstige Äktschen gebe, daß es in Austens Welt eher unspektakulär zugehe, ja, daß der Austen-Lektüre ein gewisses würdevolles Moment von Langeweile eigne?

Ich habe das nicht gefragt, Sie kennen mich: Ich bin höflich und zurückhaltend, Rechthaberei ist mir ein Greuel – aber die an sich ja begrüßenswerte Political Correctness darf doch nicht so weit gehen, daß die

Wahrheit geleugnet wird! Und wahr ist, nebenbei, daß Ihr »guter Rat«, mit Freunden ins Kino zu gehen, offensichtlich ein Schuß in den Ofen war. Ich werfe Ihnen das nicht vor, aber vielleicht sollten Sie in Zukunft etwas weniger vorlaut dazwischenreden.

Das Problem mit Freunden und Bekannten liegt einfach darin, daß sie häufig ohne »sense and sensibility« (!) nicht nur eine (angeblich) »eigene« Meinung haben, sondern auch noch auf ihr bestehen, wenn man ihnen in aller Ruhe erklärt hat, warum das unangebracht ist. Um Mißverständnisse zu vermeiden: Ich habe nichts gegen kontroverse Diskussionen auf der Grundlage einer herrschaftsfreien Kommunikation, ich bin Demokrat, und vielleicht mehr als manch anderer! Jeder soll seine eigene Meinung haben, aber doch nicht ausgerechnet, wenn wir uns über Filme unterhalten!

Mörderisches Märchen, sicherer Alptraum

Charles Laughtons »The Night of the Hunter«

Einer der schönsten, der bizarrsten Filme, die ich kenne, ist *The Night of the Hunter*. Er gehört zu der gar nicht so kleinen Reihe von Filmen, in denen, sozusagen, Amerika und Europa eine wunderbare Verbindung eingegangen sind, eine merkwürdige Mischung aus Kunst und Kino, Poesie und Panik. Der Film ist nicht ganz so verrückt wie sein Protagonist, aber doch ziemlich, und er will eine Handvoll Geschichten gleichzeitig erzählen. Daß er letztlich nicht in seine heterogenen Teile auseinanderfällt, liegt an der Musik Walter Schumanns, die ihn mit einem Netz von Leitmotiven zusammenhält; an der Kamera von Stanley Cortez, die amerikanischen Realismus und europäische Künstlichkeit, hartes Licht und betörendes Chiaroscuro miteinander versöhnt; und, natürlich, den großartigen Schauspielern, die ihre eigene Kontinuität stiften.

Der Film ist theatralisch und expressionistisch, was ich eigentlich gräßlich finde, hier aber die Qualität des Märchenhaft-Grotesken bekommt und uns verzaubert wie seit der Kindheit nicht mehr.

Es ist der einzige Film, bei dem Charles Laughton Regie geführt hat. Als er 1955 in die Kinos kam, war er ein ziemlicher Flop; nicht nur beim Publikum, dem Robert Mitchum in der Rolle eines psychopathischen Predigers, der Frauen reihenweise umbringt, wohl etwas sinister erschien; jedenfalls lud die Figur offenbar nicht zu spontaner Identifikation ein, was ja eher ein gutes Zeichen ist. Aber auch die Kritik wußte mit dem Film nicht viel anzufangen. Es blieb Laughtons einzige Regiearbeit, und das ist eine Schande, denn *The Night of the Hunter*, darüber ist man sich mittlerweile einig, von Pauline Kael bis (nur des Reimes wegen!) Kurt Scheel, gehört zu den hundert Meisterwerken der Filmgeschichte, und sogar Mr. Halliwell, dem Prätention und Künstlichkeit ein Greuel sind, gibt diesem amerikanisch-europäischen Bastard drei Sterne.

Ein Sternenhimmel, der zarte Gesang eines Wiegenlieds, »Dream, little one, dream, here is only a dream«, und dann erscheint Lillian Gish mitten im Himmel, der große Stummfilmstar des großen David Wark Griffith, des Erfinders des Kinos, und sie spricht zu uns: »Nun, Kinder, erinnert ihr euch, wie ich letzten Sonntag von unserem Herrn erzählt habe«, jetzt sehen wir fünf Kindergesichter am Himmel aufgereiht, so strahlend und proper und vertrauensvoll glotzen sie uns an, daß einem richtig schlecht werden könnte, und wenn die Gish dann fortfährt, du sollst nicht richten, auf daß du nicht gerichtet wirst, da hast du eigentlich schon gerichtet und willst das Kino fluchtartig verlassen, aber dann gibt es einen Schnitt, aus großer Höhe ist ein Fluß zu sehen – eine Hubschrauberaufnahme, 1955 eine Seltenheit –, ein Städtchen, dann, noch tiefer, spielende Kinder, die eine Frauenleiche entdecken, und mit dieser erfreulichen Wende beschließt du denn doch, sitzenzubleiben.

Schnitt: Ein Auto, Modell T?, fährt am Fluß entlang, der Fahrer trägt die Kleidung eines Predigers und bespricht sich gerade mit seinem Boß: »Was nun, Herr? Noch eine Witwe? Waren es jetzt sechs oder schon zwölf?« Dazu ertönt dieses drohende Motiv, vier unverbundene Blechbläserakkorde, die Mitchum auch musikalisch als den Bösen ausweisen.

Soviel ist am Anfang klar: Wir erleben einen Traum, ein Märchen, dessen Süße in Gestalt des Guten – Lillian Gishs und dieser Kinderlein – kaum zu ertragen wäre, gäbe es nicht die Schwärze und Perversion des Bösen zum Ausgleich: Mitchum in einer Burlesk-Show, dem beim Tanz einer lasziven Stripperin buchstäblich das (Spring-)Messer in der Hose aufgeht und dem dann, man glaubt es kaum, die Gesichtszüge entgleisen, als habe er einen Orgasmus gehabt. 1955!

Um an die Beute aus einem Überfall heranzukommen, heiratet er die Witwe des exekutierten Täters, Shelley Winters. In einer der gräßlichsten, grandiosesten Szenen des Films bringt er sie um: Mit überkreuzten Armen im Bett liegend, erwartet sie geradezu ergebungsvoll, wie Gottes Urteil, den tödlichen Messerstich, den Mitchum in grotesker Pose, als bringe er ein Opfertier dar, ausführt; in einem Schlafzimmer, dessen Wände an einen gotischen Dom, dessen Licht-und-Schatten-Spiel an den deutschen Expressionismus erinnern: Doktor Caligari läßt grüßen.

Oder die Szene, wenn John und Pearl, die beiden Kinder, mit dem Geld fliehen können und aus Mitchum ein Laut der Enttäuschung hervorbricht, der nichts Menschliches mehr hat: der Schrei eines Tieres, oder des Teufels. Das ist schrecklich und komisch zugleich, ein Alptraum, wenn das Böse dich verfolgt und die Beine immer schwerer werden, wie in Zeitlupe, du kommst nicht vorwärts, das Entsetzen, gleich hat es dich, diese Lust!

Poesie und Grauen: Die ermordete Shelley Winters im Auto sitzend, auf dem Grund des Flusses, ihre langen Haare schlängeln sich in der Strömung wie die Schlingpflanzen, so schön, und dazu diese traurige Musik, die wir das erste Mal bei der Hochzeit hörten, ein »valse triste«...

In einem Boot entkommen die Kinder, und nun wagt Laughton etwas so Verrücktes, daß man kaum den Augen trauen mag. Aus der Groteske wird ein reines Märchen, wir sehen das treibende Boot, und im Vordergrund des Bildes sitzt eine dicke Unke, als würde sie die »little ones«, also uns, schützen; dann ein Käuzchen, eine Schildkröte, zwei Hasen, Schafe – die Tiere, die Natur und der Sternenhimmel halten Wacht über die beiden, und wir werden ganz ruhig, auch wenn Mitchum sie zu Pferde verfolgt und mit schöner, tiefer Stimme diabolisch ein Kirchenlied singt: »Leaning, leaning, safe and secure from all alarms, leaning, leaning on the everlasting arms.« Auch wir sind nun »safe and secure« in den Händen dieses Films und, wenn mir diese respektvolle Blasphemie gestattet sei, in der Ewigkeit unserer Kirche: des Kinos.

Poesie des Titels

Rückblick
auf eine große Vergangenheit

Wer da hat, dem wird gegeben – den Schönen, den Klugen, den Mächtigen also. Aber was wird aus uns? Und wenn es schon im wirklichen Leben so ungerecht zugeht, warum auch noch im Kino?! Ist der Film doch, wie ich nicht müde werde zu betonen, nicht Abbild, sondern Wunschbild der Realität, und seine vornehmste Aufgabe (der die richtige Literatur seit gut hundert Jahren bekanntlich immer unwilliger nachkommt) ist es daher, uns über unser verpfuschtes Leben zu trösten: Evasion eben, und das ist ja mein tiefster, humanistisch-egalitärer Grund, warum ich das Kino gegen die Kunschtfraktion verteidige; recht eigentlich besehen ein Volksfreund (»ami du peuple«), den manche Unverständigen als »Populisten« mißverstehen...

Konsequenterweise werde ich mich heute daher nicht mit Höhenkammfilmen beschäftigen, mit Meisterwerken und Geniestreichen, sondern mit den Ärmsten der Armen, den filmischen Erniedrigten und Beleidigten: *...denn die Musik und die Liebe in Tirol* beziehungsweise *...und der Amazonas schweigt* respektive *Sie nannten ihn Krambambuli*.

Nun kenne ich zwar sehr viele sehr schlechte Filme, diese drei jedoch nicht. Aber erstens sind es deutsche Filme, zweitens spielen in ihnen Vivi Bach und Claus Biederstaedt, Barbara Rütting und Harald Leipnitz, Michael Schanze und Susi Nicoletti die Hauptrollen – und schließlich: die Titel! Nicht nur sind sie von wundersamer Idiotie, die schon stark ins Poetische lappt; es sind auch Prototypen, geradezu Ausgeburten der zauberhaften Titelgebung, deren sich die deutsche Filmkunst vor allem in den fünfziger und sechziger Jahren befleißigte: Denn-, Und- und Sie-nannten-ihn-Filme.

Das *Lexikon des Internationalen Films* verzeichnet immerhin acht Denn-Titel, wovon der schönste sicher *Denn das Weib ist schwach* ist, der berühmteste *...denn sie wissen nicht, was sie tun.* Wenn man den Sie-nannten-ihn-Filmen die Man-nannte/ nennt-ihn/sie/es hinzuzählt, kommt man auf dreißig (*Sie nannten ihn Zambo, Man nennt es Amore*). Und jetzt raten Sie mal, wie viele Und-Filme es gibt – an die hundertvierzig (in Worten: 140)!

Schöner als *Und die Frau erschuf die Liebe* finde ich *...und ewig bleibt die Liebe*, die drei Pünktchen haben so etwas Schleimig-Melancholisches, was dem unvermittelten, pünktchenlosen *Und draußen lauert die Sünde* irgendwie abgeht. Analog ziehe ich *...denn keiner ist ohne Schuld* dem Titel *Denn keiner ist ohne Sünde* vor, aber ich bin eben protestantisch, und vielleicht ist das Geschmackssache. (Sie-nannten-ihn-Filme, für die Systematiker unter Ihnen, sind prinzipiell pünktchenlos.)

Nun will ich natürlich nicht behaupten, daß alle Filme mit solchen Titeln schlicht Scheiße seien – keine Kollektivurteile (Goldhagen!), man muß differenzieren, das haben wir doch schon auf dem Gymnasium gelernt! Über *Man nannte ihn Hombre* von Martin Ritt, mit Paul Newman, sagt unser Lexikon beispielsweise: »Unter Vermeidung einer genreüblichen Idyllisierung verdichtet der Film die Ereignisse zu einer unsentimentalen, bestürzend realistischen Studie über menschliche Verhaltensweisen« – aber keine Angst, dieser Western ist tatsächlich gut.

Oder *Und dennoch leben sie*, von Vittorio de Sica, mit Sophia Loren; oder der schon erwähnte James-Dean-Film *...denn sie wissen nicht, was sie tun* – die sind doch ganz in Ordnung. Sollte meine Ausgangshypothese (»filmische Erniedrigte und Beleidigte«) falsch sein? Keineswegs, die Lösung ist einfach: Das sind ja keine deutschen Filme, der Titel wurde ihnen angetan. Merke:

Filme, deren Originaltitel mit »Und«, »Denn« oder »Sie nannten ihn« beginnen, sind in jedem Fall zu meiden!

Im übrigen, trotz aller Differenziererei, findet sich unter den hundertvierzig Und-Filmen nicht mehr als eine Handvoll akzeptabler. Schließlich kann uns auch die Poesie von Titeln wie *...und keine Stellung war ihr fremd, ...und mehrmals täglich quietschen die Matratzen* kaum darüber hinwegtäuschen, daß es sich hierbei wahrscheinlich nicht um ethisch anspruchsvolle, sozialkritische Filme handelt, sondern um frauenfeindliche Machwerke, was ich als Huma- und Feminist ablehne. Wenngleich ich nicht verhehlen will – der alte Adam steckt eben tief drin –, daß ich mich heute, wo Filme wie *Twister* oder *Waterworld* auf deutsch *Twister* oder *Waterworld* heißen, der Kreativität und Poetizität einer großen deutschen Filmvergangenheit, wie sie sich auch und gerade in den Titeln niederschlug, nicht ohne eine gewisse Wehmut erinnere; und Erinnerung, wie Rich. v. Weizs. so richtig gesagt hat, ist der Schlüssel zur Vergebung: *Denn sie sollen getröstet werden.*

Eigentlich sind Männer eine gute Idee

Die Botschaft des Cary Grant

Der wunderbare Gesellschaftsattaché auf der Bühne ist in seiner Garderobe ein ekelhafter Vulgarier, »ein Anblick von unvergeßlicher Widerlichkeit« – Felix Krull erzählt uns diese Geschichte, recht eigentlich betrachtet eine klischeehafte, aber das ändert ja nichts daran, daß Klischees fast immer stimmen, und deswegen ist man gut beraten, wenn man den wirklichen Kontakt mit den wirklichen Berühmtheiten meidet: Schön und bezaubernd sind sie nur in ihrer Rolle, in ihrem Werk, im Leben sind sie egozentrisch und schwer erträglich, wie eben alle.

Freilich gibt es Ausnahmen: Sie und mich und natürlich Cary Grant. Geboren wurde er 1904 in Bristol als Archibald Alexander Leach, und es dauerte gut dreißig Jahre, bis er wurde, der er ist. Zuerst war Cary Grant, wie Graham McCann in der Biographie schreibt, nur eine ausgezeichnete Idee. »Jeder möchte Cary Grant sein. Sogar ich möchte Cary Grant sein«, sagte Cary Grant, und wenn man McCann trauen darf, hat er es beinahe geschafft: Offenbar war er im Leben fast so liebenswürdig wie auf der Leinwand.

Aber halten wir uns an die Fakten: Er war tatsächlich immer sonnengebräunt, und seine Anzüge saßen perfekt. Doch nicht nur deswegen lieben und bewundern wir ihn, sondern weil er uns zum Lachen brachte in unvergeßlichen Filmen wie *The Awful Truth*, *Bringing Up Baby*, *His Girl Friday*, *The Philadelphia Story* – ein Reigen der schönsten Screwball-Comedies von Mitte der dreißiger Jahre bis zum Kriegseintritt der USA. (Ist es nicht merkwürdig, daß die finsterste Zeit unseres Jahrhunderts die beste Zeit des Kinos war, die komischste? Äußerst merkwürdig.) Daß er auch danach ein großer Star blieb, hat er vor allem Hitchcock zu verdanken: *Notorious, To Catch a Thief, North by Northwest...*

Mit vierzehn Jahren war Archibald Leach von zu Hause fortgelaufen, hatte sich einer Komödiantentruppe angeschlossen, sein Metier im Vaudeville und später dann am Broadway gelernt, also, das muß jetzt so schonungslos gesagt werden, »von der Pike auf«. Er sah verdammt gut aus, aber ich habe ihm das immer verziehen, weil er eben so komisch sein konnte: wenn er die Augenbraue hochzieht, wenn er, leicht perplex, den Kopf zurücknimmt, wenn er, ohne lächerlich zu werden, sich, seine Rolle und seine physische Schönheit mit großer Selbstironie ausstellt (nicht zu erwähnen, daß er auf Händen gehen und einen traumhaften Flickflack hinlegen konnte).

Am wichtigsten aber ist, daß er endlich klargestellt hat, wie das Liebeswerben vernünftigerweise ablaufen sollte: Die Frau hat den Mann zu jagen und, mit ein bißchen Glück, kriegt sie ihn auch. Katharine Hepburn, die in *Bringing Up Baby* hinter ihm her ist: Ich erinnere mich meiner tiefen Befriedigung, als ich den Film das erste Mal sah – eine Epiphanie im James Joyceschen Sinne, als tunke sich eine Madeleine in den Tee meines Herzens...

Die irrsinnigste Verführungsszene ist die aus *North by Northwest*, wenn Eva Marie Saint ihn im Zug ohne erkennbaren Grund vor den Polizisten rettet, ihn dann im Speisewagen nach allen Regeln der Kunst anmacht, mit Streichholz auspusten und so – nicht, daß ich prüde wäre, im Gegenteil, seit Jahren hatte ich auf eine Frau gewartet, die sich nicht nur von meinem Geist und meiner schönen Seele, sondern auch von meinem einmaligen Körper faszinieren ließe... Aber übertreibt Hitchcock nicht schrecklich, ist die Saint, Männerphantasie hin oder her, nicht ein bißchen sehr bitchy beziehungsweise Cary Grant so schön nun auch wieder nicht?!

Das gibt's doch nur im Kino, will ich gerade empört

und sensibel denken, da zeigt der Film, daß dies alles eine abgekartete Sache ist, daß sie Grant nur auf Befehl des bösen Spions James Mason verführt – dramaturgisch gesehen ist Hitchcock damit aus dem Schneider, aber nie kann ich ihm verzeihen, daß ich einen Moment lang geglaubt habe, Eva Marie Saint hätte sich wirklich in mich vergafft!

Wie Hitchcock dennoch ein Happy-End hingaunert, das ich akzeptieren kann, ist ein kleines Wunder und ein Beispiel für sein Genie: Eva Marie Saint ist gar keine Bitch, sie hat nicht mit Cary Grant geschlafen, weil sie so scharf auf ihn war oder weil der Bösewicht sie dazu zwang, sondern weil sie ihr Land retten wollte – als Gegenspionin im Auftrag des Geheimdienstes! Sie tat es aus Patriotismus! Und damit steht dem Zug, bevor er laut pfeifend in den Tunnel einfährt, nichts mehr im Wege. Und morgen werde ich mir eine Höhensonne kaufen und nur noch sehr gut geschnittene Anzüge tragen.

**Warum man mit freudiger Erwartung in die
Zukunft schauen kann,
wenn man noch keine Ozu-Filme kennt**

Kürzlich war Donald Richie im Münchner Filmmuseum, ein liebenswürdiger älterer Herr, der zweifellos einmal in den Himmel kommen wird. Nicht nur, weil er so witzig, selbstironisch und gebildet ist, sondern weil er sich um die Menschheit verdient gemacht hat. Als amerikanischer Besatzungssoldat begann er, sich mit dem japanischen Film zu beschäftigen, woraus eine Reihe von Büchern entstand, Klassiker mittlerweile, darunter die über zwei der bedeutendsten Regisseure überhaupt: Akira Kurosawa und Yasujiro Ozu.

Beide sind berühmt, aber Ozu ist nie so recht aus dem Dunstkreis der Cineasten herausgekommen. Seine Filme sind kaum im Kino oder im Fernsehen zu sehen, und selbst bessere Videotheken führen sie nur selten. Das ist äußerst bedauerlich, aber grämen Sie sich nicht zu sehr, wenn Sie Ozu noch nicht kennen: Es steht Ihnen somit eine wunderbare Erfahrung bevor.

Eigentlich ist es egal, was Sie sich ansehen. Ozu, so sagt man, habe immer denselben Film gedreht, mit denselben Schauspielern und derselben Erzähltechnik. Das ist ein bißchen übertrieben, aber es stimmt, daß er oft dieselbe Geschichte erzählt (von einigen seiner Filme hat er ein oder sogar zwei Remakes gemacht!): Es geht um eine Familie, die Kinder verlassen das Haus und heiraten, Vater oder Mutter bleiben alleine zurück.

Die gängige Interpretation, Ozu zeige den Verfall der japanischen Familie, ist zumindest ungenau: Nur wenn die Kinder ihre Eltern verlassen und eine eigene Familie gründen, kann die Familie weiterleben – also nicht Verfall der Familie, sondern notwendige Auflösung. Traurig bleibt das allemal: Wenn Chishu Ryu am Ende von *Tokyo Monogatari* (1953) alleine in seinem leeren Haus sitzt – »die Tage werden jetzt zu lang werden« –, dann fließen sanft die Tränen. Aber es ist nicht eigentlich Schmerz, den man empfindet, es ist ein Gefühl von Trauer und von Trost über den unausweichlichen Gang des Lebens, über die Vergänglichkeit.

Oder *Akibiyori* (*Spätherbst*, 1960): Die Tochter will ihre Mutter nicht alleine lassen und daher nicht heiraten. Erst als die Mutter, gespielt von der wunderbaren Setsuko Hara, so tut, als wolle sie sich selbst wieder vermählen, geht ihre Tochter. Eine ähnliche Geschichte erzählen *Samma no aji* (*Herbstnachmittag*, 1962) und *Banshun* (*Später Frühling*, 1949), und wenn ich jetzt noch *Ukigusa* (*Abschied in der Dämmerung*, 1959) und *Der Herbst der Familie Kohayagawa* (1961) nenne, ist die Liste meiner Lieblingsfilme fast komplett.

Schön und grün, sagen Sie nun, aber daß Ozu immer dieselbe Geschichte erzählt, die offenbar kaum Handlung hat, von Spannung ganz zu schweigen, ist ja auch nicht unbedingt abendfüllend. Sie haben natürlich recht (der Leser, so ist jedenfalls meine Devise, hat immer recht). Aber bedenken Sie bitte, daß diese Ozu-Liebeserklärung von »Cineastenschreck« Scheel kommt: also einem filmkunstmäßig unverdächtigen Zeugen.

Wie gelingt es Ozu, seinen Bildern eines alltäglichen, unspektakulären Lebens diese Eindringlichkeit, diese Schönheit zu verleihen? Indem er sie als Bilder eines unwiederbringlichen Vergehens inszeniert: »Es ist alles präsent, und doch wie schon entschwunden und erinnert« (Siegfried Kohlhammer). Ozus Filme, sagt Richie, »bringen die Zeit der Uhr zum Verschwinden«. Aber wie?

Durch äußerste Vereinfachung, durch seine berühmte restriktive Erzähltechnik, die sich so vieler Möglichkeiten der Kamera entschlägt: keine subjektive Perspektive, keine Zooms, wenig Schwenks und Kamerafahrten – lange Einstellungen einer starr postierten Kamera in der für westliche Augen merkwürdigen Höhe von einem knappen Meter.

Diese Begrenzung des Gesichtsfeldes, diese Beschränkung der filmischen Mittel führt zu einer Konzentration auf Weniges, aufs Wesentliche: Eingerahmt von japanischen Schiebetüren sitzt die Familie auf den Reisstrohmatten, im Hintergrund ist ein kleiner Ausschnitt des Gartens zu sehen – eine Bildkomposition wie bei einem Gemälde, von räumlicher Tiefe und einer Ruhe, die all unsere Hektik und Nervosität zum Verschwinden bringt, wenn wir uns denn darauf einlassen.

Klingt geheimnistuerisch, fast schon esoterisch? Ozus Filme haben in der Tat etwas Meditatives, aber sie sind ganz von dieser Welt. Sie prätendieren nicht, hinter die Menschen und Dinge zu schauen; sie zeigen das alltägliche Leben, wie wir es nur selten gesehen haben: in seinem Glanz und seiner Würde, in seiner Wirklichkeit. Ozus Kamera liebt, was sie sieht. Sie will nichts beweisen, nur aufmerksam betrachten, höflich und ein bißchen ironisch blickt sie auf unser tägliches Gemurkse – ach, wenn die eigenen Augen doch auch so auf die Welt schauen könnten!

Donald Richie kann es, wie er in seinem Vortrag über Ozu und seiner Einführung zu eigenen Filmen bewies: »Wundern Sie sich nicht über die vielen Säulen in meinem ersten Film. Sie bedeuten wohl so etwas wie Kunst. Aber bedenken Sie, wie jung ich damals war!« Erheben wir unsere Sakebecher zu einem dreifach donnernden »Kampai!« auf Donald Richie, auf Yasujiro Ozu.

Sex, Alkohol und Geschlechterkampf

Zur Vorgeschichte der Gender-studies

Wenn ich mich damals, Mitte der fünfziger Jahre, hätte entscheiden müssen, wäre meine Wahl auf Lassie gefallen. Ich hatte nichts gegen Elizabeth Taylor, im Gegenteil: Sie war sehr viel hübscher als Karin Fahje, keine Frage. Aber Lassie – Lassie war nicht nur schön, Lassie war auch so gut, so klug, so treu, da konnte die Taylor nicht mithalten. Keine Frau kann einem Mann den Hund ersetzen.

Das nächste Mal sah ich sie in *Vater der Braut*, einer netten Komödie, niveauvolle Unterhaltung, also eigentlich nichts für mich. Aber die Taylor war lecker anzusehen. Ich war nun auch schon zehn, und mein Verhältnis zu Frauen hatte sich den Lassie-Zeiten gegenüber fundamental gewandelt. Ich war zwar noch kein Feminist im engeren Sinne, aber wenn fürs Cowboyspielen nicht genügend Jungs da waren, hatte ich überhaupt nichts dagegen, daß Mädchen mitmachten. Sind doch auch Menschen, war schon damals meine Devise.

Der Durchbruch kam dann in *Ivanhoe*: Die Taylor als Rebecca, die schöne Jüdin, war eine der ersten großen Lieben meines Lebens. Danach haben wir uns dann etwas aus den Augen verloren. Ich sah sie zwar noch in *Beau Brummell, Giganten, Die Katze auf dem heißen Blechdach*, aber, ehrlich gesagt, stand ich mehr auf Stewart Granger, Rock Hudson und Paul Newman als auf »Liz«, wie ich sie nun nannte. Wir waren gute alte Freunde, aber erotisch lief gar nichts. Sie war mir auch zu lätschig, zu phlegmatisch, zu zickig geworden. Der Erfolg war ihr zu Kopf gestiegen, immer etwas schlecht gelaunt und schmollend ließ sie die Kerle um sich herumtanzen, ein richtiger »prick-teaser«; sehr frauchenhaft, wenn Sie verstehen, was ich meine. Nicht emanzipiert, selbstbewußt, so wie ich mir die Frauen wünschte, auch mal die Initiative übernehmend...

In *Butterfield 8* spielte sie dann eine Art Callgirl, das war sexmäßig ein Schritt in die richtige Richtung; aber andererseits war damit eine Ehe natürlich definitiv ausgeschlossen – meine Mutter hätte das niemals akzeptiert. (Daß man »leichte Mädchen«, so hieß das damals, unter bestimmten Bedingungen doch heiraten durfte, erfuhr ich erst aus der *Welt der Suzie Wong*; aber Nancy Kwan – dieses geschlitzte Kleid! – war Chinesin, und die Asiaten haben ja ganz andere Vorstellungen über Moral und kulturelle Werte als wir; außerdem ging Suzie dem »ältesten Gewerbe der Welt« (hihi) nur nach, weil sie ihre kranke Großmutter oder irgend etwas dieser Art vorm Hungertod retten wollte.)

Richtig gefallen hat mir Liz Taylor dann nur noch in *Wer hat Angst vor Virginia Woolf?* (1966). Sie spielt die fette, geile, versoffene Schlampe in Edward Albees Stück sehr überzeugend; beziehungsweise spielt diese Rolle eben nicht, denn das war sie mittlerweile ja geworden. Ihr Partner und Ko-Alkoholiker im Film wie im Leben war Richard Burton. Er gehört zu der Kategorie von Suffköppen, die im Gesicht nicht aufdunsen, sondern, im Unterschied zu ihrer Leber, immer schärfere Züge bekommen: beneidenswert, und als Ehemann-Versager (eine Tautologie), der sich in diesem Film neunzig Minuten lang »Schlappschwanz« und »Null« nennen läßt, rächt er unser Geschlecht zum Schluß dann doch ganz schön und verhilft der Taylor zu einem Weinkrampf und damit auch verdientermaßen zu ihrem zweiten Oscar. Denn nichts liebt Hollywood mehr, als wenn seine Stars Alkoholiker spielen, die in einem finalen Zusammenbruch Reue und Neuanfang signalisieren.

Kennengelernt hatten sich die beiden bei den Dreharbeiten zu *Cleopatra*, und es war offenbar Liebe auf den ersten Schluck. Sie kamen jedenfalls manchmal tagelang nicht aus ihrem Lotterlager heraus, es konnte nicht gedreht werden, die Kosten explodierten – und es hat trotzdem nichts genützt: Der Film ist abscheulich. Es war immerhin ein so großartiger Skandal, daß Laurence Olivier sich genötigt sah, seinem Freund Burton zu kabeln (!): »Mein Lieber, Du mußt Dich jetzt entscheiden: Willst Du ein großer Schauspieler werden oder eine Skandalnudel?« Und im Unterschied zu mir, der ich Lassie gewählt hätte, lautete Burtons brillante Antwort: »Beides.«

Verteidigung des amerikanischen Traums

Über Frank Capras »Meet John Doe«

Vor kurzem habe ich zum ersten Mal *Meet John Doe* von Frank Capra gesehen, einen merkwürdigen Film aus dem Jahr 1941, nicht recht gelungen und doch sehr interessant, keineswegs ein alter Hut, sondern brennend aktuell. Passen Sie auf...

Barbara Stanwyck ist eine Journalistin, der gekündigt wird, weil der neue Herausgeber aus einer ziemlich seriösen Zeitung ein Knüllerblatt machen will. Kann er haben, sagt sich die Stanwyck voller Wut und erfindet den Leserbrief eines »John Doe«, der ankündigt, sich am Weihnachtstag vom Rathaus zu stürzen, aus Protest gegen Arbeitslosigkeit.

Der Artikel schlägt groß ein, die Konkurrenzblätter schäumen und vermuten einen Fake, was den neuen Herausgeber nun erst recht zwingt, an der Story festzuhalten, um nicht als Depp dazustehen. Die clevere Stanwyck macht ihm ein Angebot, das er nicht ablehnen kann, und sucht sich aus einem Haufen von Hobos einfach ihren »John Doe« heraus: Gary Cooper, einen Baseballspieler, der wegen einer Verletzung arbeitslos durch die Lande zieht und gerne bei dem Schwindel mitmacht, wenn er nur was zu essen kriegt.

Und nun gibt es eine wunderbare Verwandlungssequenz, die Erfüllung eines Tagtraums, wie man sich, eben noch ein abgerissener, verachteter Penner, plötzlich in einem feinen Hotel wiederfindet, von Leibwächtern und dienstbaren Geistern umgeben. Eine typische Capra-Szene, die er so nur noch in *Die unteren Zehntausend* hingekriegt hat, wenn er die versoffene Bettlerin Apple Annie in eine so vornehme alte Dame verwandelt, daß die Queen Mom neidisch werden könnte. Das Märchen vom Aschenputtel, das groß rauskommt, und wenn es so schön dargestellt wird wie bei Capra, ist es unwiderstehlich, denn wer träumt nicht davon, als häßliches Entlein einzuschlafen und als prächtiger Schwan aufzuwachen?

Barbara Stanwyck schreibt eine Serie von Zeitungsartikeln über »John Doe«, und der wird zum Star, Mister All American, der Sprecher der unter der Depression leidenden kleinen Leute, denen er im Radio und auf Vortragsreisen seine einfachen Wahrheiten verkündet: Nachbarschaftshilfe, Freundlichkeit und Toleranz, Mißtrauen gegen Politiker. Praktisch also das Programm des heutigen Kommunitarismus, und der ist ja nicht nur zum Lachen, auch wenn er uns durchblickerischen Europäern so schrecklich naiv vorkommt.

Überall bilden sich John-Doe-Clubs, es geht quasi ein Roman Herzogscher Ruck durchs ganze Land, und dann bekommen Cooper und Stanwyck mit, daß der Besitzer der Zeitung, ein mächtiger Tycoon, sie nur benutzt, um mit populistischer Politikverachtung Politik zu machen (ein Prinzip, das Reagan dann später zur Vollendung geführt hat). Er will nämlich Präsident werden und mit dem ganzen Unsinn von Streiks und Meinungsfreiheit und Demokratie aufhören beziehungsweise deren Auswüchse beschneiden. Daß unser Tycoon physiognomisch Mussolini ähnelt und von einer schwarzuniformierten Privatarmee umgeben ist, ist uns von Anfang an verdächtig vorgekommen, und auch Cooper und Stanwyck riechen jetzt Lunte: So nicht, Herr (faschistoides) Großkapital!

Und dann gibt es wieder eine typische Capra-Szene: »Vor der größtmöglichen Öffentlichkeit muß der Held gestehen, daß er Mist gebaut hat« (Andrew Sarris) – vor dem nationalen Konvent der John-Doe-Clubs versucht Cooper sich zu outen und seine Anhänger vor dem bösen Tycoon zu warnen, der aber läßt ihn als Schwindler, der er ja wirklich ist, verhaften, und beschimpft und bespuckt von seinen Fans fällt John Doe ins Nichts zurück... Aber dies ist ein Capra-Film, und deswegen geht er noch weiter und gut aus. Die Kritik hat Capra immer vorgeworfen, er sei sentimental und verlogen, und bei diesem Film ganz besonders. Pauline Kael: »Der Film beginnt in der zuversichtlichen Art Capras, wenngleich dunkler intoniert; aber vom Ende ist man verwirrt und fühlt sich betrogen.«

Und sie hat ja auch recht, realistisch ist der gute Ausgang der Geschichte nicht gerade. Capra schildert in *Meet John Doe* wie in *Mr. Deeds Goes to Town, Mr. Smith Goes to Washington* und natürlich *It's a Wonderful Life* einen Traum, den amerikanischen Traum: daß die kleinen Leute – we, the people –, wenn sie denn zusammenstehen, nicht besiegt werden können, und in allen diesen Filmen dürfen wir ihn träumen, bis »The End« auf der Leinwand erscheint.

Sollten wir das, kritisch, wie wir nun einmal sind, eine Lüge nennen? Lieber nicht, denn der amerikanische Traum existiert ja wirklich, in den Köpfen der Menschen, und von der Realität dieser Sehnsucht und dieses Optimismus erzählen Capras Märchen, ohne die wir kleinen Leute es, von Roosevelts New Deal bis zu Martin Luther Kings »I have a dream«, schwerer gehabt hätten.

Du kannst es, Babe!

Multikulturelle Gesellschaft zwischen Utopie und Realität

Der hübscheste der neuen Filme, die ich in letzter Zeit gesehen habe, ist *Ein Schweinchen namens Babe*. Die Geschichte eines Ferkels, das durch Herzensgüte und Mut dem Kochtopf entgeht und eine wundersame Karriere als Hüteschwein macht: »From rags to riches«, die alte Geschichte und für uns alle, die wir den Kochtopf des Schicksals fürchten, Vorbild und Ansporn zugleich.

Es ist ein schlichter Zufall, daß Babe statt beim Metzger als erster Preis auf einer Landwirtschaftsausstellung landet und auch noch von einem sehr netten Schafzüchter gewonnen wird. Um Fred Astaire aus *The Gay Divorcee* zu zitieren: »Ein Narr, wer das Schicksal für Zufall hält!« Denn Babe wird im Laufe der Ereignisse nicht nur dies neuseeländische Tal, sondern vielleicht auch unser aller Leben verändern...

Ob nun Schicksal oder Zufall – das ist ja nur ein Streit um Worte, denn letztlich kommt es allein darauf an, ob wir an dem Platz, wo wir nun einmal stehen, als Schwein oder als Hirtenhund, als kleiner Leser oder als großmächtiger Autor unser Bestes geben.

Falsch! Denn *Babe* erzählt gerade eine andere, eine emanzipatorische Geschichte: Wie aus einem wandelnden Braten ein selbstbestimmtes Individuum wurde, das seine Gesellschaft revolutionierte.

Babe ist hübsch, liebenswürdig und zutraulich, und daher gelingt es ihm, sowohl zu den Hütehunden als auch zu den Schafen gute Beziehungen zu unterhalten. Und Babe ist auch mutig: Als eine Horde wildernder Köter die Schafe auf der Koppel überfällt, wirft sich

Babe dazwischen und schlägt die Marodeure in die Flucht. Das freilich verärgert den Chef der Tiere auf dem Bauernhof, den Oberhütehund Rex, zutiefst. Er, ein ehemaliger Champion, der mit seinem Älterwerden und seiner Schwerhörigkeit große Probleme hat, wird so wütend und eifersüchtig, daß er sein gutes Weib Fly, das Babe unter ihre Fittiche beziehungsweise Vorderläufe genommen hat, anfällt und sogar den Bauern, als der dazwischengeht, beißt.

Damit ist klar, daß Rex beim diesjährigen Hirtenhundwettbewerb nicht mitmachen kann, und die verletzte Fly auch nicht. Aber unser Bauer, ein Tüftler und Sturkopp, hat bemerkt, daß Babe kein gewöhnliches Schwein ist und ein auffälliges Interesse an den Schafen zeigt. Deshalb versucht er, es für den Wettbewerb zu trainieren: Beiß die Schafe in die Beine, sie müssen dich fürchten, sonst haben sie keinen Respekt vor dir!

Aber anstatt in solch archaischer Weise den »Wolf«, wie die Schafe die Hunde nennen, zu geben, setzt Babe auf Überzeugung und Freundlichkeit. Und es klappt! »Könntet ihr euch bitte, mir zuliebe, in Zweierreihen aufstellen und euch flink, aber ohne Drängelei, in das Gatter begeben?« Wie man in den Wald hineinruft, so schallt es heraus: So liebenswürdig gebeten, ohne wolfsmäßiges Knurren und Beißen, sind die Schafe gern bereit mitzumachen.

Herrschaftsfreier Dialog! Selbst im Tierreich ist somit die Theorie des kommunikativen Handelns quasi empirisch bestätigt – keine Rede davon, Habermas sei überholt, Luhmann gehöre die Zukunft.

Ein Schweinchen namens Babe schildert den Übergang vom Feudalismus, vom autokratischen Befehlssystem zur »civil society«, zur freiheitlichen Bürger- beziehungsweise Tiergesellschaft. Die Parolen des Klassenkampfes – »Wölfe sind böse«, sagen die Schafe, »Schafe sind dumm«, sagen die Hunde – werden obsolet; und in Gestalt eines kleinen Ferkels erblicken wir den Vorschein des neuen Menschen, der multikulturellen Gesellschaft...

Sentimentaler Quatsch! Die Realität, sie ist nicht so. Wohin wir auch schauen: Gewalt, Brutalität, Eigennutz, ja Globalisierung und Sozialabbau! Dieser Film will uns doch Schweine in die Augen streuen! Aber auch wenn J. Fest endgültig und mit Zustimmung aller im Bundestag vertretenen demokratischen Parteien die Utopie abgeschafft hat – wir freundlichen, liebenswürdigen Ferkel bewahren sie in unserem Herzen, wir geben nicht auf und kämpfen, wenn es sein muß mit Feuer, Schwert und Zapfhahn, für eine Gesellschaft im Sinne Babes, wo Hund und Katz', Ochs' und Esel, Lamm und Löwe, Schwein und Ente ein großes, ewiges Straßenfest feiern können...

Stinky Miller
als Selbstreflexionsepiphanie

Eine kritische Betrachtung von Film-Filmen

Filme übers Filmemachen gibt es wie Sandsäcke im Oderbruch, des Cineasten generelle Begeisterung darob (»selbstreflexiv!« »diskurssubversiv«!) soll hier in kritischer Solidarität hinterfragt werden. Denn wie das ist im Kino beziehungsweise im wirklichen Leben: Man hüte sich vor Pauschalurteilen, Milchknabenrechnungen, Patentrezepten – manche dieser Film-Filme sind so, andere aber so. Es kömmt, wie immer, auf die Einzelfallprüfung an.

Um mich gleich unmöglich zu machen: Ziemlich schwer erträglich finde ich Fellinis *Achteinhalb* – das Getue darüber, daß jemand keinen Film zustande bringt, und das ist dann der Film. Eine ziemlich verbreitete Männerphantasie, wenn Sie mich fragen: die große Impotenzklage als Potenzbeweis. Deswegen ist *Achteinhalb* zu einer Ikone der Filmkunstfraktion geworden, ihre Idealvorstellung ist und bleibt der Roman, der die Unmöglichkeit des Schreibens eines Romans beschreibt, und der erscheint dann bei Suhrkamp.

Oder Wenders' *Der Stand der Dinge*: Der Regisseur als der Heilige, der von einem faschistoiden Hollywoodsystem um die Früchte des Zorns und der Sehgewohnheitenveränderung gebracht wird durch bezahlte Killer, nur weil er einen Schwarzweißfilm und keinen Buntfilm drehen wollte! Bei aller Sympathie für den »American way of life«: Das geht denn doch ein bißchen weit!

Es ist wie im wirklichen Leben: Das Pack triumphiert, die Guten müssen sterben: Jack Palance in *The Big Knife*, ein Star, der endlich einmal in künstlerisch besonders wertvollen Filmen spielen will und vom oberfiesen Produzenten Rod Steiger praktisch-faktisch in den Selbstmord getrieben wird. Oder die arme Kim Novak in *The Legend of Lylah Clare*: Sie plumpst vom Trapez, weil ihr besessener Regisseur, gehetzt vom Produzenten, ihr keine Atempause gönnt, und dann dreht dieser Maniac, wenn sie in der Manege im Sterben liegt, einfach weiter – und die Clowns weinen!

Film ist Geschäft, knallhart und gnadenlos! Diese profunde Wahrheit wird furchtlos verkündet, und fast könnten einem die Stars, Regisseure, Drehbuchschreiber leid tun, die in dieses unmenschliche Metier verschleppt wurden. *What Price Hollywood?* fragt George Cukor – »too much high«, möchte man da als gemeiner Kinogänger antworten, schaudernd, aber auch ein bißchen erleichtert, denn so schlimm, nicht wahr, geht es ja nicht einmal an Ihrem Arbeitsplatz zu.

Glücklicherweise gibt es aber auch Film-Filme, die etwas weniger plakativ, etwas diskreter mit dem Thema umgehen, Truffauts *Die amerikanische Nacht* oder *Die Geliebte des französischen Leutnants* von Karel Reisz. Sie wollen nicht die Schlechtigkeit der Welt im allgemeinen und des Filmgeschäfts im besonderen beweisen, sondern bringen in ironischer Weise die komischen und die traurigen Verschlingungen von Leben und Film, von Realität und Phantasie zur Vermählung.

Noch schöner sind die Komödien *Boy Meets Girl* von Lloyd Bacon und *Sullivan's Travels* von Preston Sturges: James Cagney als Drehbuchautor, der es mit Frechheit und einem entzückenden Tänzchen schafft, seinem Produzenten ein ungeborenes Baby als neuen Star anzudrehen; Joel McCrea als Hollywoodregisseur, der diese leichten, oberflächlichen (und sehr erfolgreichen) Komödien satt hat und endlich einmal etwas Anspruchsvolles, ethisch Bedeutsames machen will – einen Film wie *Oh Bruder, wo bist du?*, der »eine moralische Botschaft hat, soziale Relevanz«, wie der Regisseur schwärmt.

Nichts gegen moralische Botschaften, wenn sie denn so witzig und abgründig dargeboten werden wie hier:

Alles geht natürlich furchtbar in die Hose, und viel mehr als das Lachen bleibt dem Regisseur nicht, wenn er schließlich als Kettensträfling einen Micky-Maus-Film sieht und diese Lektion jedenfalls gelernt hat: Einen Lacher soll man nie verachten.

Und deswegen sind die allerschönsten Film-Filme die grotesken, verrückten, haltlosen, die das pathetische Thema in Trümmer zerlegen (»dekonstruieren«): W.C. Fields' *Never Give a Sucker an Even Break* und *Hellzapoppin* von H.C. Potter, mit Ole Olsen und Chic Johnson, und mit Stinky Miller, der den Film leider nie zu Ende sehen wird. Denn plötzlich ist da ein Insert: »Stinky Miller, deine Mutter hat gesagt, du sollst sofort nach Hause kommen!« – und Stinky verläßt tatsächlich das Kino, das wir nun auf der Leinwand sehen, während wir sitzenbleiben und uns vor Lachen und Entzücken (und Selbstreflexivität!) gar nicht mehr einkriegen.

Wenn Engel sabbern...

Ein sehr mutiver Tabubruch

Eines der tabuisiertesten Themen der Filmgeschichte ist das Sabbern; nicht Hunde- oder Babysabbern, sondern erwachsenes, ausgereiftes. Weinen, schwitzen, spucken und sogar pinkeln (naturalia non sunt turpia!) – Körperflüssigkeitsaustritt als solcher ist dem Filmfreund nicht fremd, und wahrscheinlich gibt es sogar allerlei dekonstruktive Studien darüber *(Weeping the Movies. Male Chauvinist Strategies and the Invention of Repression)*, aber wann haben Sie jemals einen Star im Film sabbern sehen? (Jetzt ertönt geheimnisvolle Musik, das Bild wird unscharf, wirft so merkwürdige Wellen: Rückblende, genau.)

Schwarzweiß, ein großer, sehr heruntergekommener Raum voller kollwitzartiger Gemälde; ein Mann in einem Sessel, einen Arm in der Schlinge – aber das ist doch James Mason! Gott, sieht der schlecht aus, beziehungsweise gut: Er ist so jung (37) und großartig leidend, als liege er im Sterben, was ihm billigerweise eine geradezu jesusmäßige Aura verleiht. Ein Eindruck, der verstärkt wird dadurch, daß die Kamera ihn in Untersicht und leicht verkantet aufnimmt.

Und jetzt steht er auf (die Kamera schwenkt nach oben mit, also noch stärkere Untersicht), seine Augen leuchten, er erhebt priesterlich den (gesunden) Arm und beginnt verzückt zu deklamieren: »Und wenn ich mit Engelszungen redete und hätte der Liebe nicht, so wäre ich ein tönend Erz, eine klingende Schelle. Und wenn ich weissagen könnte« – Obacht, jetzt passiert's: ein langer, nicht enden wollender Sabberfaden löst sich und rollt über die volle Unterlippe des kußmundigen Mason –

»und wüßte alle Geheimnisse und alle Erkenntnis« und so weiter: »und hätte der Liebe nicht, so wäre ich nichts.« Und mit verwirrtem Blick setzt er sich: nach vierzehn Sekunden ununterbrochenen Sabberns!

Carol Reed wird das beim Ansehen der Muster von *Odd Man Out* (1946), dieser schwerkatholischen IRA-Geschichte, gemerkt und sich überlegt haben, die Szene nachzudrehen. Aber Mason war so gut gewesen! Und eigentlich paßt das Sabbern ja auch gut zu seiner Entrücktheit und dem Pathos der biblischen Sprache. Im übrigen würde das Publikum im Kino gar nichts davon mitkriegen, geht ja alles viel zu schnell.

Stimmt! Man bemerkt das Sabbern nur, wenn man den Film zum wiederholten Male sieht und auf Video – seinen Augen nicht trauend, spult man noch mal zurück und hat den Beweis. (Das verstehe ich unter empirischer Filmforschung, Monsieur le Cinéaste!)

In Großaufnahme das Gesicht einer Frau, seitlich auf einem Tresen liegend, über ihr das eines Mannes, der sagt: »Ich hab' mir die Sache mit den anderen Burschen überlegt. Ich mag dich doch so, wie du bist, und darum kann's mir doch im Grunde gleichgültig sein, wie du so geworden bist.« Die Frau hebt den Kopf – und jetzt, genau hinsehen!, fließt aus ihrem Mund eine veritable Sabberschliere –, seufzt und sagt: »Beau, so was Liebes, so was Zärtliches hat noch nie jemand zu mir gesagt.«

Parbleu! Anstatt ihm in die Fresse zu hauen, nimmt sie den dämlichen Antrag an und läßt sich von diesem rauhbautzigen Jungrancher als Ehefrau nach – Montana abschleppen. Sie, eine Sängerin oder »Disuse«, wie sie sich nennt, die ein Hollywoodstar werden wollte. Also ich weiß nicht.

Als Feminist ist man empört und fragt sich nur, ob der Film, recht eigentlich besehen, nicht auch ziemlich männerfeindlich ist. Unter geschlechtspolitischen Gesichtspunkten ist Joshua Logans *Bus Stop* (1956) jedenfalls schwer erträglich heutzutage: Marilyn Monroe als »Chérie«, blond, doof, kann nicht singen, trägt grotesk-nuttige Kleider, und Ingrid Steegers Synchronstimme, kleinmädchenhaft piepsend, gibt dem allen den finalen Touch des Lächerlichen.

Aber das schadet überhaupt nichts. Denn dieses weiße Gesicht mit dem goldenen Haar, den purpurnen Lippen und den blauen Augensternen ist so schön, so unberührt und überirdisch, daß wir es gebannt anstarren müssen und alles Drumherum verschwindet. Und unsere Ergriffenheit, unsere Ehrfurcht vor dieser engelhaften Erscheinung wird nur ein wenig auf die Erde zurückgeholt, wenn wir sie beim Sabbern, dieser kleinen, unverhofften Intimität, ertappen. Und wir erinnern uns an dieses schmerzhafte, wunderbare Gefühl, als wir den ersten, ach so zarten Rülpser unserer Geliebten hörten und wußten: Ist sie auch ein Engel, so doch von dieser Welt.

Die elf Gebote

Garantierter Kinoerfolg mit Preston Sturges

»Ein hübsches Mädchen ist besser als ein häßliches.« Dies ist ein Zitat, keineswegs meine Ansicht! Das »Aussehen« von Frauen hat mich nie interessiert, mir kam es nur auf Charakter und Herzensbildung an, auf Pünktlichkeit und Sauberkeit. Anders im Amerika der frühen vierziger Jahre. Eine hübsche Larve, »weibliche« Formen, die schamlos zur Schau gestellt werden – der Respekt vor dem Mädel als gutem Kamerad des Mannes war dort nicht sehr verbreitet, weshalb auch das zweite der »Elf Gebote für den garantierten Kinoerfolg« offen sexistisch ist und lautet: »Ein Bein ist besser als ein Arm.«

»Ein Schlafzimmer ist besser als ein Wohnzimmer.« Aufgerichtet wurden diese ehernen Gesetzestafeln von Preston Sturges, 1940 bis 1944 der Wunderknabe Hollywoods, als er acht Filme drehte, von denen sechs zu den schönsten Komödien überhaupt zählen.

»Eine Ankunft ist besser als eine Abreise.« Das erste Mal sah ich *The Great McGinty* Ende der sechziger Jahre im Fernsehen. Es war ein Schock, unglaublich: wie eine Capra-Komödie, aber ohne Kitsch; wie ein Lubitsch-Film, aber nicht europäisch dekadent, sondern amerikanisch aggressiv. Die Geschichte eines Penners, der sich mit Gangsterhilfe zum Gouverneur hochgaunert – und dann plötzlich durchdreht und alles verspielt: Er ist von der Idee besessen, ein ehrlicher Politiker werden zu wollen, der sein Amt nicht für sich und seine Kumpane ausnützt! (Franz Josef Strauß soll sich über den Film schiefgelacht haben.)

»Eine Geburt ist besser als ein Todesfall.« In meiner

Lieblingsszene erklärt der Gangsterboß dem Gouverneur, daß er nun eine New-Deal-Politik, »vom Volk für das Volk«, betreiben und Staudämme bauen solle: »Du glaubst gar nicht, wieviel Zement man da reinschütten kann.« Das ist nicht nur witzig, gleichzeitig bekommt man einen gutmarxistischen Einblick in die Gesetze des Kapitalismus und der politischen Ökonomie.

»Eine Verfolgungsjagd ist besser als ein Gespräch.« Von *Sullivan's Travels* habe ich schon geschwärmt, daher will ich hier nur Veronica Lake einen Kranz flechten, deren begrenzte schauspielerische Fähigkeiten durch ihren umwerfenden »peek a boo bang« mehr als ausgeglichen wurden: langes blondes Haar, das ein Auge verdeckt und sehr, sehr schrill und künstlich aussieht; es ist dann geradezu ein Vamp-Topos geworden.

»Ein Hund ist besser als eine Landschaft.« In *The Lady Eve* bringt die professionelle Falschspielerin Barbara Stanwyck den armen, unschuldigen Millionärssohn Henry Fonda so durcheinander, verdreht ihm so den Kopf, daß er sich gnadenlos zum Affen macht: die wohl lächerlichste Männerfigur seit Cary Grant in *Leoparden küßt man nicht* und eine weiterer Beleg für meine These, daß clausewitzsche Komödien die besten sind: Liebe ist die Fortsetzung des Krieges mit anderen Mitteln.

»Ein Kätzchen ist besser als ein Hund.« *The Palm Beach Story* ist Sturges' durchgeknalltester, schnellster Film, mit einem champagnerschlürfenden Millionär namens John D. Hackensacker III und Claudette Colbert, die sich dem Highlife statt ihrem Ehemann-Ingenieur Joel McCrea hingibt – es siegt die Pflicht, aber erst ganz am Schluß, und deshalb sehen wir davon glücklicherweise nicht viel, sondern eben Schaumwein, Rückendekolleté, Trallala.

»Ein Baby ist besser als ein Kätzchen.« (Meiner Meinung nach ist das Unsinn.) *The Miracle of Morgan's Creek* und *Hail the Conquering Hero* sind Farcen, in denen Sturges dem für Sittsamkeit zuständigen Hays Office und dem Kriegsministerium ziemlich lange Nasen dreht: In beiden Filmen gibt der absolut häßlichste

Mann, der jemals in Hollywoodfilmen die Hauptrolle spielen durfte, Eddie Bracken, einen Volltrottel (mit gutem Herzen, versteht sich), der einer von einem Soldaten geschwängerten Frau zur Seite liegt beziehungsweise als heimkehrender Kriegsheld gefeiert wird, obwohl er (wegen chronischen Heuschnupfens) gar nicht eingezogen wurde.

»Ein Kuß ist besser als ein Baby.« Und dann war plötzlich Schluß. Sturges hat noch bei einer ganzen Reihe von anderen Filmen Regie geführt oder das Drehbuch geschrieben (so hatte er 1933 angefangen), aber er hatte das Timing, den Dialogwitz, die Überkandideltheit verloren. Seine wundersame Verbindung von Sophistication und Derbheit, von Sarkasmus und Sentiment, von Eleganz und Geschmacklosigkeit war zerbrochen. Das letzte seiner elf Gebote ehrt den Ursprung des Kinos, den Slapstick, und auch dafür wollen wir Preston Sturges lieben und ehren: »Am allerbesten ist es, wenn jemand auf den Hintern fällt.«

Sentenzchensperenzchen

oder Wie man ein Partylöwe wird

»Edel sei der Mensch, hilfreich und gut« – klingt sehr nett und kommod, ein zu beherzigender Merksatz gerade in Zeiten des Sozialabbaus! Aber wenn Sie an einem regnerischen Abend auf eine Party kommen und man Sie fragt: »Warum ziehen Sie nicht Ihren nassen Mantel aus und nehmen sich einen trockenen Martini?« – das ist natürlich auch nicht schlecht. Die einen stehen eben mehr auf Schiller (ist nur ein Scherz: Goethe, klaro), die anderen auf Billy Wilder. Der Satz ist aus dem ersten Film, bei dem er Regie geführt hat, *The Major and the Minor*, mit Ginger Rogers und Ray Milland. Nicht der ganz große Hammer, aber doch schon ziemlich abgedreht.

Wenn ich es also recht bedenke, dann sind es mehr die locker eingestreuten Filmsätze als die schwerliterarischen Zitate (die mir durchaus zur Verfügung stehen: Ich habe das große Latinum!), die meinem Leben diese glückliche Wende gegeben, mich bei Jung und Alt schließlich doch so beliebt gemacht haben.

Wenn Ihnen also auf dieser Party ein Langweiler über Semiologie und Stellenstopp zu erzählen nicht müde wird, machen Sie ein blasiertes Gesicht und sagen den berühmten Rhett-Butler-Satz: »Frankly, my dear, I don't give a damn.« Einen besseren Abgang kann man kaum bekommen.

Es sei denn, der Abgefertigte, auch nicht faul, repliziert: »Ihnen würde ich gern einen körperlichen Verweis erteilen. – Verschieben wir's auf morgen.« Er hat die Scarlett gegeben! Eben noch garstige Fremde, liegen sich plötzlich zwei vom Winde auf diese Party verwehte

Kinokenner in den Armen, und das Weitere ist klar: Dies ist der Beginn einer wunderbaren Freundschaft (*Casablanca*).

Von den üblichen Verdächtigen, die verhaftet werden sollen, über das Angebot, zu dem man nicht nein sagen kann, bis zu den ratlosen Artisten in der Zirkuskuppel: Ist Ihnen mal aufgefallen, wie stark Kinoschnacks in unsere Kommunikation eingesickert sind? Sehen Sie!

Ich verrate Ihnen jetzt ein Geheimnis: »delectare et prodesse«, das Publikum zu erfreuen und es so zu belehren, daß es dies kaum bemerkt, diskret und elegant, mit Esprit und leichter Hand (Reim!) – das ist mein Ziel, und wenn es mir heute wieder so glänzend gelingt, dann will ich es in aller Bescheidenheit zufrieden sein.

Aber das Leichte, machen wir uns nichts vor, ist auch und gerade in diesem größeren Deutschland: das Schwerste! Denn die deutsche Weinerlichkeit, Roman (!) Herzog hat schon wieder (»Ruck«) so mutig den Finger in die Wunde, die nicht vergehen will, gelegt, ist ja nichts anderes als ein Ausfluß unserer Unfähigkeit zu trauern – und eben zu lachen! Aber es wird kommen der Tag (*The Searchers*), wo wir nicht mehr um »just a little Planstelle« (*Der starke Ferdinand*) barmen, sondern alle Fieslinge mit den Worten »Komm her, Fatso!« in die Schranken fordern und niedermachen, genau wie Burt Lancaster den ultragemeinen Ernest Borgnine in *Verdammt in alle Ewigkeit*. Yeah!

Andererseits: Nobody's perfect (*Manche mögen's heiß*). Legen Sie also Ihre Schwächen bloß, Zeige deine Wunde (Beuys). Wenn Sie also die Party ein bißchen in Schwung bringen wollen und Ihren Streichholztrick machen – Sie nehmen ein Streichholz (auf Plattdeutsch übrigens nicht »Striekholt«, sondern »Rietsteeken«: Reißstöckchen!) zierlich zwischen Daumen und Zeigefinger und lassen es ganz ruhig bis zum Ende abbrennen –, wenn dann das faszinierte Publikum fragt, was denn der Trick dabei sei, dann lächeln Sie versonnen und sagen mit leichtem Ennui in der Stimme: »Der Trick, meine Lieben, besteht darin, sich den Schmerz nicht anmerken zu lassen.« Wie Peter O'Toole in *Lawrence von Arabien*, und Sie werden genauso schön, geheimnisvoll und dekadent aussehen wie er, garantiert!

Denn die Wirklichkeit ist ja nicht nur ein Abklatsch unserer großen Romane, worauf Arno Schmidt hingewiesen hat, sondern eben auch unserer großen Filme. Manchmal sogar der kleinen, wenn sie uns ergreifen und wir sie in unseren Herzen bewegen: Wodurch sie, für uns zumindest, zu großen Filmen werden. Wenn wir davon erzählen, con brio, hören alle gerne zu, und dann erzählen sie wiederum Geschichten und Sprüche aus Filmen, und schon ist ein fröhliches Geschnatter im Gange, man unterhält sich aufgekratzt mit wildfremden Menschen, und die blöde Party ist gerettet.

»You don't believe me? Ask Helga« (Joel Grey in *Cabaret*) beziehungsweise Gore Vidal, einen wahren König der Partylöwen: »Es ist ein universelles Phänomen, daß man nach der Absolvierung von Pflichtübungen zu Themen gelehrten Fachinteresses wie etwa Semiologie (und Stellenstopp) das Eis erst dann gebrochen ist, wenn jemand aufs Kino zu sprechen kommt. Plötzlich ist jeder hellwach und dabei. Nun wird mit Leidenschaft geredet. Filme sind die Lingua franca des 20. Jahrhunderts. Die Zehnte Muse hat die anderen neun vom Olymp vertrieben – oder doch zumindest von dessen Gipfel.«

Und so gegen halb drei, wenn dann nirgends mehr Zigaretten zu schnorren sind, stellt sich Ihnen womöglich die Frage, ob Sie diese reizende Ulrike Soundso zum Ausklang der Party nicht zu einem Täßchen Kaffee zu sich nach Hause einladen sollten. Sie könnten ihr dann Ihre riesige Sentenzensammlung zeigen. Aber das ist eine andere Geschichte (*Irma la Douce*).

**Shakespearesches Hackfleich und ödipale
Scherereien: That's Entertainment!**

Zum Abschluß meiner Lichtspiele, liebe Leser, überkommt mich naturgemäß eine gewisse Rührung, die ich mir aber keinesfalls anmerken lassen werde. Es war eine schöne Zeit, wenngleich nicht ohne Schwierigkeiten, aber wir haben sie *zusammen* gemeistert. Denn was wäre der »auteur«, mag er noch so begabt sein, ohne seine Leser! Ein Nichts, ein Niemand, jawohl!

Damit der Abschied nicht gar zu melancholisch wird, will ich Ihnen heute die beiden Songs vorsingen, die mich auch in dunklen Stunden immer erheitert und getröstet haben und die das Programm des Kinos, wie ich es liebe, auf den Punkt bringen.

Der ziemlich abgetakelte Musical-Star Tony Hunter – in der deutschen Fassung wird das fünfzigerjahremäßig »Hönter« ausgesprochen –, gespielt von Fred Astaire, gerät in die Klauen eines hochambitionierten Regisseurs, der aus der netten kleinen Revueidee Oscar Levants etwas »mit Bedeutung und Inhalt« machen will, ein Gleichnis »fürs Heute, fürs moderne Leben: die moderne Version des *Faust*!« – »Die Leute werden sich umbringen vor Lachen«, wirft Oscar sarkastisch ein, aber der Kunstschwadroneur setzt sich durch, und perfiderweise mit einem Song, der zur Hymne des Showgeschäfts geworden ist: »Everything that happens in life, can happen in a show, you can make 'em laugh, you can make 'em cry – anything, anything can go: That's Entertainment!«

Und als er dann auch noch so nett und bemüht zu steppen beginnt, wird sogar der skeptische Astaire weich und tanzt mit: »Some great Shakespearean scene, where a ghost and a prince meet, and everyone ends in mincemeat« – kann man die heiligsten Werte unserer Kultur trefflicher besingen? Durchaus, die griechische Tragödie wird nämlich so abgefeiert: »A gay divorcee, who is after her ex – it could be Oedipus rex – where a chap kills his father, and causes a lot of bother.« Kürzer und genauer geht's nicht.

The Band Wagon ist kein wirklich guter Film, das Ausspielen Show gegen Kunst, das fällt sogar mir altem Show-gegen-Kunst-Ausspieler auf, hat hier etwas Verklemmtes, das Urteil ist abgekartet. Aber »That's Entertainment« ist ein wunderbarer Song, der die schlichte Wahrheit witzig ausspricht, daß ohne Unterhaltung nichts geht, auch nicht in der Kunst.

Einen winzigen Schritt weiter geht Donald O'Connor in *Singin' in the Rain*. Sein Programm lautet: »Make 'em laugh! Make 'em laugh! Don't you know everyone wants to laugh? My dad said, be an actor, my son – but be a comical one!«

Und dazu tanzt und zappelt er und fällt auf den Hintern, daß es eine Augenweide ist, die reine Anarchie des Komischen, eine akrobatische Feier des Slapsticks: wenn er mit einer Kleiderpuppe auf dem Sofa kämpft oder mit verknoteten Beinen auf dem Boden liegt und mit finsterer Entschlossenheit die Schwerkraft zu überwinden versucht. Und zum Schluß gelingt ihm das sogar in einer verzaubernden Szene: Er läuft tatsächlich zweimal die Wände hoch, mit einem Salto zurück auf den Boden, und als er die dritte Wand des Filmstudios bezwingen will, ist diese aus Papier, und er bricht durch sie hindurch, nicht ohne flugs den Kopf durch das Loch zu stecken und uns noch einmal seine Devise einzuhämmern: »Make 'em laugh! Make 'em laugh! Make 'em laugh!«, aber das tun wir ja schon die ganze Zeit bei dieser in Melodie, Wort und Bewegung komischsten Musicalnummer, die es gibt.

So. Ich hoffe, es ist mir auch heute wieder gelungen, ein bißchen Fröhlichkeit und Farbe in unseren grauen Alltag zu bringen, liebe Leser, vielliebe Leserin – wir können es alle gebrauchen! Ihr Applaus war mir immer der schönste Lohn, fast auch der einzige, wenn ich an das Honorar denke – war nur ein Scherz! So nehme ich denn meine Augenklappe und meinen Schnauzbart wieder ab: Behalten Sie mich in guter Erinnerung, und vielen Dank für den nach meinem Geschmack allerdings etwas früh enden wollenden Beifall.

Nörgeleien

Wim Wenders und die Filmkritik

Wer die Filme von Wim Wenders schätzt, für den war *Paris, Texas* eine herbe Enttäuschung, aber kein Desaster: Selbst in diesem verunglückten Film wird der Rang seines Regisseurs sichtbar. Ein Desaster hingegen war, wie ein Großteil der deutschen Filmkritik auf *Paris, Texas* reagiert hat.

»Aus der Vogelperspektive: eine zerklüftete leere mondähnliche Landschaft. Die Kamera gleitet darüber hinweg. In der Ferne taucht ein einzelner Mann auf, der diese Wüste durchquert. Ein Falke landet auf einem Felsen. Der Mann bleibt stehen, sieht zu dem Vogel. Dann trinkt er den letzten Rest von Wasser aus einer großen Plastikflasche. Er trägt einen billigen mexikanischen Anzug, eine rote Baseballmütze, mit Bandagen umwickelte Sandalen. Alles verstaubt und durchgeschwitzt. Er ist schon lange unterwegs. Dies ist Travis. Er wirft die leere Plastikflasche fort und macht sich wieder auf den Weg, in die leere, heiße Ebene vor ihm.«

So beschreibt das Skript die Eingangsszene des Films, und kaum eine Kritik, die sie nicht nacherzählt, die sich nicht vom Pathos der Bilder ergriffen zeigt. Und in der Tat ist diese Szene signifikant für das, was wir in den folgenden zweieinhalb Stunden sehen werden: amerikanische Landschaften, die Seelenlandschaften sind; traumhafte Bilder, die Traumbilder sind, bis an die Grenze des Erträglichen mit Bedeutung aufgeladen. Wen dieses Plakative nicht in Bann schlug, dem war die Reaktion der amerikanischen Filmkritik nicht unverständlich: »Ein Fiasko höchst bestürzender Art«, konstatierte das Magazin *New York;* »eine überästhetisierte, kühl abstrahierte Schnulze«, so *Newsweek*. Man muß das Ressentiment vieler amerikanischer Kollegen gegen

»europäische Tiefe« und »französische Filmkritiker« nicht unbedingt teilen, um ihre Enttäuschung zu verstehen anläßlich eines Films, der programmatisch den amerikanischen Mythos zu erzählen versucht und tatsächlich doch nur europäische Amerikaklischees kostbar in Szene setzt.

»Aus der Vogelperspektive: eine waldreiche hügelige Landschaft mit einem Schloß. Die Kamera gleitet darüber hinweg. Ein einzelner Mann taucht auf. Ein Kolkrabe landet auf einer Zinne von Schloß Neuschwanstein. Der Mann bleibt stehen, sieht zu dem Vogel. Dann trinkt er den letzten Rest von Enzian aus einer kleinen Steingutflasche. Er trägt einen teuren bayerischen Lodenmantel, einen grünen Gamsbarthut, Bergstiefel. Alles verstaubt und verschwitzt. Er ist schon lange unterwegs. Dies ist Alois...«

So die Eingangsszene aus Francis Ford Coppolas neuem Film *Oberammergau, Bayern,* in dem der amerikanische Regisseur den deutschen Mythos zu erzählen versucht... Gäbe es diesen Film, dann wäre der deutsche Vorwurf, hier handle es sich nicht um den Mythos, sondern das Klischee, sicher nicht ganz unberechtigt. Die Enttäuschung der amerikanischen Filmkritik über *Paris, Texas* basiert also keineswegs auf »Unverständnis und Animosität gegen Europa«, wie ein *FAZ*-Artikel zu diesem Thema überschrieben ist: im Gegenteil. Der amerikanische Zorn über Wenders' mangelnde Neugier, über jemanden, der sieben Jahre in den Vereinigten Staaten lebte und dennoch kaum anders als ein Tourist auf das Land blicke – dieser Zorn ist nachvollziehbar. Man muß das Argument verschärfen: *Paris, Texas* ist von einem grandiosen Desinteresse an Amerika geprägt, von europäischem Bescheidwissen, von Wendersschem Narzißmus – einer Selbstbezogenheit, der die konkrete Fremde egal ist.

Es ist freilich von einiger Ironie, daß gerade die amerikanische Kritik diesen Vorwurf erhebt, denn es ist schließlich der Hollywoodfilm, der von jeher in imperialer Unbekümmertheit desinteressiert war an der

Wirklichkeit anderer Länder: Wie *der* Deutsche, *der* Russe, *der* Japaner in amerikanischen Filmen skizziert werden, das läßt sich kaum noch mit dem Begriff des Klischees fassen – Übereinstimmungen mit der Wirklichkeit sind rein zufällig und nicht beabsichtigt.

Vielleicht könnte der amerikanische Ärger über europäischen Hochmut auch gemildert werden, wenn man an den Satz von Präsident Reagan erinnert, der nach einer Südamerikareise seinen Landsleuten erklärte, daß es zu seiner Überraschung dort ganz unterschiedliche Länder gebe, mit unterschiedlichen Namen, die zum Teil leicht zu verwechseln seien...

Der Film war zu Ende, es lief der Abspann. Und noch immer blieben alle wie gebannt sitzen. Später, beim Lesen der Zeitungen, wurde mir klar, daß die andächtige Stimmung im Kino nicht untypisch gewesen war: Die Berichte über *Paris, Texas* waren in der Regel als Filmkritiken getarnte Sonntagspredigten. Dies ist offenbar eine Tendenz, die seit einiger Zeit in unserer Presse Konjunktur hat, anläßlich von *Paris, Texas* aber ihre bisher höchste Blüte erreichte: das Frommwerden des Feuilletons.

Erinnern wir uns: In seiner Cannes-Berichterstattung hatte ein deutscher Filmkritiker Wenders zum »besten Regisseur der Welt« proklamiert; und auch den Konflikt zwischen Wenders und Augstein über Verleihpraktiken hatten die Kritiker zum Anlaß genommen, vom titanischen Kampf zwischen Gut und Böse, Kunst und Kommerz zu schwadronieren. Diese Verwechslung von Bericht und Traktat blieb nicht auf die Filmkritik beschränkt. So hatte zum Beispiel vor einiger Zeit ein Buchrezensent geglaubt, sich in frömmelndem Tonfall einem Schriftsteller andienen zu müssen (»Peter Handke ist für dieses Buch zu danken«), gewissermaßen das Präludium zum jetzigen Wim-Wenders-Weihefestspiel. »Zum erstenmal taucht damit im Wendersschen Kosmos das Problem der Schuld auf; einer Schuld, die Wenders mit Pathos ernst nimmt, deren moralische, ja religiöse Aspekte er sofort umfassend kinematographisch reflektiert.« »Der Katholik Wenders inszeniert diesen Akt der Reinigung wie eine Beichte.« »Diese Angst hat nun andere, existenzielle Ursachen, die auf jenen falschen Vorstellungen basieren, die zur persönlichen Schuld führen. Schuld wiederum war früher nur als Erblast der (Nazi-)Väter aufgetaucht – als etwas, das man zwar zu tragen, aber für das man keine Verantwortung hatte.«

Daß diese Zitate (*Süddeutsche Zeitung,* 11. Januar 1985) von Peter Buchka stammen, einem der besseren deutschen Filmkritiker, macht die Angelegenheit um so erschreckender, weil es sich nicht um einen Ausrutscher handelt, sondern um ein Symptom. »Problem der Schuld«, »moralische, ja religiöse Aspekte«, »der Katholik Wenders«, »Akt der Reinigung«, »Beichte«, »existenzielle Ursachen« – kopfschüttelnd fragt man sich, was in diesen Kritiker gefahren ist. Handelt es sich um ein Gutachten zur Seligsprechung?

Das intellektuell Unerquickliche ist jedoch nicht nur dieser »geistig-moralische« Tonfall, sondern eine Schuldseligkeit, der es sogar gelingt, eine eher simple Liebesgeschichte mit der »Erblast der (Nazi-)Väter« in Zusammenhang zu bringen. Schuldseligkeit: Das ist eine Attitüde, von der linker Idealismus nie frei war, in die sich heute aber ein zahm und fromm werdender Linksliberalismus geradezu verliebt hat.

Kein Einzelfall, wie gesagt. Den Drang zum Frommwerden zeigt auch der Bericht der *Frankfurter Rundschau* (31. Januar 1985) über Wenders' Besuch in Ostberlin: »›Er wird immer leiden‹, charakterisiert eine Zuschauerin die Hauptfigur. Wenders bleibt stumm, nickt unmerklich. Genaue Beobachtungen zu Details honoriert der Regisseur ebenso wie kritische Fragen zum Ausgang der Geschichte oder zur Motivation der Figuren. Ohne den Fragesteller zu bevormunden, erklärt der Regisseur seinen Standpunkt. Wenders kommt so nicht wie manch anderer Besucher mit der großen Geste des allwissenden Aufklärers. Er akzeptiert die dort Sitzenden als Partner, wird vereinzelt sogar spontan geduzt. Über das bittere Scheitern einer großen Liebe, wie im Film dargestellt, wollen die Zuschauer mit ihm, will er mit den Zuschauern reden. Man glaubt sich einem Freund gegenüber, der den Schmerz teilt, ohne zu lamentieren; der Mut macht, ohne in eilfertige Ratschläge zu verfallen.«

Von wem ist hier die Rede? Dem Papst? Bhagwan? Vermutlich hat der *FR*-Berichterstatter Martin Walter nicht einmal bemerkt, daß er sich einer religiösen Ikonographie bedient: der Schmerzensmann Wenders, der in seiner großen Gnade mit uns Sterblichen wie zu Gleichen spricht.

Kritik der Kritik ist deswegen so schön, weil man sich für noch ein bißchen klüger als die Kollegen halten darf. Es bleibt aber die Frage, warum *Paris, Texas* so erfolgreich bei Kritikern *und* Publikum ist; warum, so die Gegenthese, dieser Film einen Rückschritt in Wenders' Werk darstellt.

Die Story: Ein Mann, der jahrelang unterwegs war, verschollen, auf der Suche (wonach?), wird von seinem Bruder gefunden. In dessen Haus findet er seinen Sohn, der dort aufwächst. Er findet zu seinem Sohn, mit dem er seine Frau sucht und findet. Der Mann findet zu seiner Frau, überläßt ihr das Kind. Die Frau findet zu ihrem Kind, der Mann verläßt Frau und Kind...

Diese Geschichte vom Suchen, Finden, Verlieren, von Vater, Mutter, Kind, von Liebe und Opfer, Schuld und Sühne, diese Geschichte ist uralt, »mythisch«. Daß sie nicht als banal zurückgewiesen wird, muß an der Erzählweise liegen: den großartigen Schauspielern, der opulenten Bebilderung durch die Kamera Robby Müllers. Und, natürlich, an der Disposition der Zuschauer, dem »Zeitgeist«. *Paris, Texas* erzählt die Geschichte, daß Geschichte nicht mehr stattfindet, und zwar einem Publikum, das es genauso sieht und darin gerne bestätigt wird.

Schon der Mythos ist Aufklärung, hatten Horkheimer und Adorno konstatiert. Wo der Mythos wie hier reduziert wird auf den schlichten Sachverhalt, daß es keinen Ausweg, keine Zukunft gibt, ist von solcher aufklärerischen Kraft jedoch nichts geblieben, und insofern ist *Paris, Texas* ein grandioses Beispiel für die Ästhetik des Posthistoire. Offenbar gibt es viele Zeitgenossen, denen das Bramarbasieren über Schuld, Opfer, Sühne geradezu ein Bedürfnis ist. Offenbar gibt es eine Tendenz, es sich in Sentimentalität, Schuld- und Unglückseligkeit gemütlich zu machen. Offenbar ist die Verbindung von »mulmiger Macho-Ideologie« *(Spiegel)* und avanciertester Bildtechnologie, von tränenreicher »Betroffenheit« und kühler Kameraperfektion in *Paris, Texas* von einer Perfektion, die vielen den klaren Blick auf diesen sauren Kitsch trübt.

Aber ist großes Kino nicht immer »mythisch«? Hat Wenders nicht immer schon krude Männerphantasien in Szene gesetzt? Wenn dem so ist, dann wäre das Besondere von *Paris, Texas* darin zu sehen, daß dieser Film nicht, wie *Alice in den Städten* oder *Im Lauf der Zeit,* auch mit Mythen spielt, witzig und ironisch, sondern daß er sie feiert, *zelebriert* und damit zum Klischee macht, zum ehernen Gesetz, dem er sich selbst bereitwillig unterwirft. Das aber wäre keine Errungenschaft, sondern Wenders' Rückschritt ins Teutonische.

Mäkeln am Autorenfilm

Wochenlang hatte ich mich vor dem Kinobesuch gedrückt. Der zuverlässige *SZ*-Filmkritiker Peter Buchka (das Gegenteil ist in der Regel richtig) war ähnlich ins Schwärmen geraten wie bei Werner Herzogs *Cobra Verde:* Mit *Homo Faber* sei Volker Schlöndorff aus Amerika zurückgekehrt, als Autorenfilmer gar! Und mit diesem Film würde »seine düstere Künstlerschaft heller denn je erstrahlen«. Der Kritiker hatte nicht übertrieben, es war wirklich schrecklich. Warum nur? Schlöndorff ist ein versierter Handwerker, manche Bilder, zumal am Anfang, sind eindrucksvoll; und auch wenn Max Frischs Roman in seiner Symbolik mittlerweile deutlich den strengen Geruch der fünfziger Jahre ausströmt: Es gibt gute Filme mit einer dümmeren Geschichte. Es ist wahr, Sam Shepard, der schon mit dem Drehbuch zu Wim Wenders' *Paris, Texas* unangenehm auf sich aufmerksam gemacht hatte, glänzt in der Titelrolle vorwiegend als begnadeter Hutträger, und Barbara Sukowa ist jenseits des Erträglichen – dennoch ist das Ausmaß der Langeweile, der Unerheblichkeit des Films fast geheimnisvoll. Ob es daran liegt, daß sich Schlöndorff nicht für seinen Gegenstand interessiert? Daß er, wie ein Automat, seine Literaturverfilmungen fortsetzt, ohne Eifer, ohne Zorn, wie das Gesetz es befahl? Schon bei seiner Proust-Verfilmung habe ich mich das gefragt, ebenfalls ohne befriedigende Antwort: Warum hat er das bloß gemacht?

Warum macht jemand so etwas? Und warum guckt man es sich an? Zahlt zwölf Mark Eintritt, um der Obduktion einer Wasserleiche zuzusehen. Jonathan Demmes Film *Das Schweigen der Lämmer* hat mich ziemlich verstört. Und nicht nur, weil mir während der Vorführung übel war. Sondern weil das Argument gegen die sozialpädagogisch bemühte Filmkritik, wie sie in der *Frankfurter Rundschau* so vorbildlich vertreten wird, ins Rutschen gerät. Wenn solche Kritiker an diesem oder jenem Film einen Mangel an Moral (und Sehgewohnheitenveränderung) beklagten, ihm vorwarfen, er sei grell, effekthascherisch, zeige Gewalt um der Gewalt willen und ziele nicht aufs Humanum – dann freuten wir uns und sagten: genau; deswegen sei *Taxi Driver* so gut oder *Blue Velvet*. Denn, so sagten wir, das Kino ist keine moralische, zumindest keine erbauliche Veranstaltung. Und im übrigen brauche man sich keine Sorge um das arme, manipulierte Publikum zu machen. Es sei durchaus fachmännisch und wisse zwischen Kino und Realität gut zu unterscheiden. Und dann zitierten wir Hitchcock: »The cinema is not a slice of life, it's a piece of cake.«

Solch eine Argumentation will mir für *Das Schweigen der Lämmer* nicht gefallen. Und leider kann ich meine zunehmende Unlust beim Anschauen des Films nicht einfach als Resultat seines ästhetischen Mangels begreifen: Die Schauspieler sind hervorragend; Kameraführung, Schnitt, Timing, Sound – perfekt; selbst die Konstruiertheit der Geschichte fällt nicht, eben aufgrund der suggestiven Erzählweise, ins Gewicht, da nicht ins Bewußtsein. Also ein Film, der Hitchcocks Bonmot, der Regisseur solle das Publikum so stark wie möglich quälen, wörtlich nimmt; der freilich Hitchcocks Gegen-Satz, in Grusel- und Suspensefilmen komme man nicht ohne Humor aus, nicht zur Kenntnis nimmt.

Wenn es nicht nur meine Marotte ist, wenn ich meinem Körpergefühl trauen kann, dann ist *Das Schweigen der Lämmer* kein guter Film; wenn der Autounfall, den ich im Kino sehe, mich schockiert wie der auf der Straße, dann hat der Film einen Fehler, dann überschreitet er eine Grenze, wie sie beispielsweise zwischen Kino und Porno-Kino besteht. Wie man sogar mit dieser Grenzverletzung noch spielen kann, ist in Brian De Palmas Film *Body Double* zu sehen, der nicht zimperlich ist. Wie man einen Film übers Perverse machen kann, der von seinem Thema affiziert wird, sich ihm aber nicht unterwirft, zeigt eine Ikone des Kinos, Michael Powells *Peeping Tom*.

Demmes Film, behaupte ich, liefert sich der Perversion aus; und trotz (wegen!) aller Perfektion, die bewundern mag, wer will, ist der Film ein sadistischer Angriff auf das Publikum, dessen Masochismus groß sein muß, denn es akzeptiert die Aggression. »Mach dir ein paar schöne Stunden, geh' ins Kino« lautete ein Slogan der Kinowerbung in den fünfziger und sechziger Jahren. *Das Schweigen der Lämmer* ist seine schlichte Umkehrung, und das kann kein Fortschritt sein. Der Unterschied zwischen Kino und Porno-Kino besteht darin, daß dieses, ohne Umschweife, auf den Trieb zielt; jenes aber die Triebbasis benutzt, ausnutzt, um ein Artefakt herzustellen. Über Perversionen sagt Freud: »Die Allgewalt der Liebe zeigt sich vielleicht nirgends stärker als in diesen ihren Verirrungen.« Ein Satz, der für Hitchcocks *Vertigo,* die Geschichte einer nekrophilen Obsession, und das ist ja auch schon etwas, gilt. In dem kannibalistischen Psychiater und dem frauenhäutenden Mörder aus Demmes Film ist von der »Allgewalt der Liebe« nichts mehr zu erkennen. Dies sind Monstren, die uns erschrecken, in deren Augen wir uns aber nicht mehr spiegeln können. Ein Regisseur wie Schlöndorff, der sich nicht für seinen Film interessiert; einer wie Demme, der sich für die Menschen, die seinen Film sehen werden, nicht interessiert – beides ist ziemlich schrecklich.

Heartburn im Fernsehen, ein Film von Mike Nichols; Sie haben nichts verpaßt, man ist am Ende, wenn Meryl Streep endgültig ihren Ehemann Jack Nicholson verlassen hat, enttäuscht. Und hat eigentlich die ganze Zeit sowieso nur ausgeharrt wegen der beiden Stars und des Versprechens, das uns der Name des Regisseurs gibt: Er hat, da waren wir jung wie Dustin Hoffman und hatten auch gerade das Abitur in der Tasche, *The Graduate* gemacht; eine moderne Romeo-und-Julia-Paraphrase, die, gottlob, gut ausgeht: Wenn Hoffman nach einer wilden Verfolgungsjagd die Braut vorm Traualtar der feindlichen Familie entreißt und beide, nachdem die Große Liebe schon verspielt war, ins Glück entkommen, und dazu die Musik von Simon & Garfunkel, »Hello, Mrs. Robinson...« *Heartburn* ist das Gegenstück zu *Die Reifeprüfung*. Keine romantische, große Gefühle zelebrierende, happy endende und also verlogene Hollywoodgeschichte, sondern, wie das wirkliche Leben spielt, amerikanische Szenen einer Ehe.

Und da das Leben eben schäbig ist, zeigt der Film keine »amour fou«, die Nicholson von Meryl Streep forttreibt, sondern daß er seine Frau, das Kind, die Ehe, die selbstgemachte Pizza *wirklich* mag – und trotzdem, aus Lässigkeit fast, an der Geliebten festhält. Daran, will uns der Film sagen, zerbrechen Ehen – am Gewicht des Alltags, der Gewöhnlichkeit des Lebens.

Ich stelle mir vor, daß Nichols seinem Produzenten den Film auch als Gegenstück zur *Reifeprüfung* angepriesen hat; und als der stöhnte »Reality doesn't pay«, wies ihn der Regisseur darauf hin, daß erstens die Stars für ein gutes Geschäft sorgen würden; und zweitens die Kritiker nichts lieber hätten als einen *anspruchsvollen* Film für Erwachsene, der eben nicht nur Traumfabrik sei, sondern aufs wirkliche Leben ziele...

»Mein Film«, sagt der Regisseur, »soll ein Kommentar zu den modernen Daseinsbedingungen werden. Krasser Realismus. Die Probleme, die Durchschnittsbürger wirklich berühren.« Produzent: »Aber mit ein bißchen Sex drin.« Regisseur: »Ich will einen außergewöhnlichen Film machen. Einen Film, auf den ihr stolz sein könnt. Ich möchte etwas machen, das die Möglichkeiten des Films als soziologisches und künstlerisches Medium, das er ist, verwirklicht.« Produzent: »Mit ein bißchen Sex drin.«

So ungefähr, stelle ich mir vor, haben Nichols und sein Produzent miteinander gesprochen. Solange es das Kino gibt, wollen Regisseure Filme machen, die »dem Leben einen Spiegel vorhalten«, wie der Regisseur und Titelheld in *Sullivan's Travels* sagt, Preston Sturges' Meisterwerk von 1941, woraus die Zitate stammen. Gegen anspruchsvolle Filme ist an sich wenig zu sagen, aber komischerweise funktionieren sie oft nicht. Jedenfalls, das können Sie mir glauben, funktioniert es auch bei *Heartburn* nicht.

Ich will hier nicht nur die guten Absichten verspotten, die Nichols mit dem Film gehabt haben mag. Ich will darauf hinaus, daß das Kino, immer noch, ein dubioser Ort ist, mehr mit Rummel und Zirkus als mit Theater und Kirche zu tun hat. Daher sind diejenigen, die das Kino zur Kunst machen, auf dem Holzweg: ein Kunstkino, wie es programmatisch von Regisseuren wie Godard und Greenaway vertreten wird, das auch bei deutschen »Autorenfilmern« sein Unwesen treibt, von den revolutionären Blockflötenfilmen Jean-Marie Straubs gar nicht zu reden (für Lubitsch-Fans: was Joseph Tura mit Shakespeare gemacht hat, macht Straub jetzt mit Hölderlin).

Anders gesagt: Man muß Steven Spielberg nicht für einen Regisseur vom Kaliber Fords oder Hitchcocks halten, um seine »Kinderfilme« und ihren Erfolg beim Publikum zu verteidigen gegen die Fraktion der Filmkritik, die das Kino als moralische Anstalt mit dem Ziel der »Sehgewohnheitenveränderung« betrachtet.

»Gestern habe ich mir *La Nuit américaine* angesehen. Wahrscheinlich wird Dich niemand Lügner nennen, also tue ich es. Das ist keine größere Beleidigung als Faschist, es ist eine Kritik, und Filme wie dieser und wie die von Chabrol, Ferreri, Verneuil, Delanoy, Renoir usw. hinterlassen nur die Abwesenheit von Kritik, und die beklage ich. Du sagst: Filme sind wie große Züge in der Nacht, aber wer nimmt den Zug, in welcher Klasse sitzt man, und wer ist es, der den Zug steuert, mit dem ›Spitzel‹ von der Direktion an seiner Seite? Auch diese Leute machen Filme, die wie Züge sind. Und wenn Du nicht vom TEE redest, dann vielleicht vom Vorortzug oder dem von Dachau nach München, deren Bahnhöfe man in dem Zug/Film von Lelouch natürlich nicht zu sehen bekommt.«

Am Ende dieses Briefes, den Godard im Mai 1973 an François Truffaut geschrieben hat, haut er ihn, so muß man wohl sagen, um zehn Millionen Francs für einen neuen Film an. Es ist nicht eigentlich die Frechheit und Schäbigkeit des Briefes, die Abscheu erregt; aus Godards Brief spricht Haß auf Truffaut, dessen Können und Erfolg; es ist die Visage des Ressentiments, die erschreckt; es ist die Sprache des Terroristen, der Truffaut als Teil des Establishments denunziert, um seinem Erpressungsversuch einen politischen Anstrich zu geben. Der grenzenlose Opportunismus Godards, der zuzeiten, als man das Kollektiv vergötzte, als »Groupe Dziga Vertov« firmierte – sein Opportunismus feiert einen Triumph, indem er sich nicht entblödet, dem Truffaut-Briefband ein verlogenes, dunkles Vorwort beizusteuern.

Es geht hier nicht nur um Moral; mir scheint, daß das moralische Desaster, wie es sich in diesem Brief enthüllt, ein Licht wirft auf das künstlerische Desaster eines ehemals bedeutenden Regisseurs, der seit den siebziger Jahren seine filmische Impotenz mit großem theoretischen Aufwand zu bemänteln versucht. Für jemanden, der, anders als Truffaut, im Kino nicht reüssieren konnte, liegt es ja auch nahe, das Ende des Kinos zu verkünden und sich auf ein »Projekt« (Der Ganz Andere Film) zu werfen – jedenfalls wenn man so clever ist wie Godard. Daß ihm die deutsche Kritik hierbei schoßhündchenhaft folgte, ist nicht verwunderlich, denn auch sie schätzt »Projekte«, die bekanntlich scheitern können, was dann tragisch und deshalb besonders wertvoll ist. Wo man ein Machwerk wie *Cobra Verde* als »Ballade vom großen Scheitern« feiert – so in der *Süddeutschen* –, hat der Autorenfilm offenbar einen Bonus, Godard kann hier auch in Zukunft mit einer guten Presse rechnen.

Wenn die Kritik fromm wird, ist das immer unangenehm: Wer schaut schon gerne einem alten Sünder beim demonstrativen Beten zu. Aber da Literaten und Künstler als Priesternachfolger darin Übung – und zur Zeit wieder Oberwasser – haben, ist man ihren hohen Ton sozusagen gewohnt. Wenn jedoch in einem noch nicht von Kunst & Kultur gänzlich gezähmten Medium wie dem Kino Weihrauch verströmt wird, sticht das in die Nase. »Die Erde vom Himmel aus betrachtet. Bei den Dreharbeiten zu Wim Wenders' Film ›Bis ans Ende der Welt‹ in Australien: Bilder einer Landschaft, Aufzeichnungen aus einem Gespräch, Notizen zu einem Portrait« – den solchermaßen überschriebenen *Zeit*-Artikel Andreas Kilbs, das ist klar, hat kein Filmkritiker verfaßt, sondern hier legt jemand Zeugnis ab, hier verweist der Prophet auf einen, der noch größer ist als er selbst: »Wenn der Regisseur Wim Wenders über seinen Film redet, spricht er vom Anfang eines neuen Erzählens und meint den Abschied von einer alten, engen und traurigen Welt... Die Bilder aber, die Wim Wenders von dieser Welt aufnahm, waren groß und rein: Bilder, in denen man Städte und Häuser und Brücken und Landschaften sah wie sonst nie; Szenen, in denen die Dinge einfach da waren, wo sie sonst sind, bevor das Kino sie verrückt und verfälscht. Diese Bilder gaben ein Versprechen: daß alles anders werden würde, als es ist, und daß die Kamera aufhören würde zu lügen. Dieses Versprechen, sagt Wenders, habe er jetzt eingelöst.«

Der europäische Autorenfilm, darauf will ich hinaus, ist seit Jahrzehnten ein Versprechen, das nicht eingelöst wurde. Das ist schade, aber nicht eigentlich schlimm. Schlimm hingegen ist, wenn solches Unvermögen sich metaphysisch und theoretisch spreizt, wenn es, des eigenen Versagens bewußt werdend, zum Ressentiment gerinnt: »Fünfzig Jahre nach der Oktoberrevolution herrscht das amerikanische Kino über das Kino der Welt. Diesem Sachverhalt ist nichts mehr hinzuzufügen. Außer, daß auf unserer bescheidenen Stufe auch wir zwei oder drei Vietnams inmitten des ungeheuren Imperiums Hollywood–Cinecittà–Mosfilm–Pinewood usw.

schaffen müssen und, gleichermaßen ökonomisch wie ästhetisch, das heißt, indem wir an zwei Fronten kämpfen, nationale, freie Kinos schaffen, Brüder, Genossen und Freunde.«

Diese Sätze Godards stammen aus dem Jahr 1967, sind in ihrem kuriosen Nationalismus aber keineswegs überholt. Denn den antiimperialistischen Schmus abgezogen, klingt es 1991 im Artikel des Filmkritikers der *SZ* nur im Ton anders: »Ein deutsches Jahr wird Cannes '91 dennoch nicht werden, sondern wie schon so oft – ein amerikanisches.«

Auch bei anderen Cannes-Berichten fällt auf, in welch merkwürdiger Weise die Stärke des amerikanischen Kinos thematisiert wird: als imperialistische Attacke auf die Nationalkultur. Es wiederholt sich, was anläßlich des Golfkriegs nicht zu übersehen war: Bei nicht wenigen europäischen Intellektuellen, und zwar unabhängig von der politischen Einstellung, gibt es eine Gemeinsamkeit – das Ressentiment gegen die amerikanische Kultur, das Antiamerikanismus zu nennen nicht übertrieben ist. Wie tief dieses Ressentiment sitzt – und zwar häufig in den sog. besseren Kreisen –, wie wenig es sich in den letzten hundert Jahren geändert hat, kann man in Henry James' Roman *The American* nachlesen.

Aber warum streiten? Wer lieber Greenaways *Drowning By Numbers* oder Godards *Nouvelle Vague* anschaut als Coppolas *Paten* oder Scorceses *King of Comedy* – meinen Segen hat er, dies ist ein freies Land... Leider läßt sich der Dissens mit der Kunstkinofraktion nicht so leicht und liberal auflösen. Denn trotz der geringen Bedeutung des Kunstkinos sowohl was die Anzahl der Filme als auch ihre Bedeutung fürs Publikum angeht – im Bereich der seriösen deutschen Filmkritik geben die »Cineasten« den Ton hat. Also Leute, die an den Mythos des Autorenfilms glauben, die Kunst statt Kino wollen, die literarisch und nicht filmisch denken. Die Dramaturgie des Märchens mit ihren grellen Effekten und klaren Schematisierungen, mit den Gewißheiten, die nur um den Preis des Verrats zu zerstören sind (daher ist das

Happy-End im Kino keine Lüge) – solche Dramaturgie ist im Film eben nicht, wie der Cineast glaubt, den Flegeljahren des Mediums zuzuschreiben, die glücklicherweise bald, wenn es nur mehr Greenaways gäbe, überwunden sind. Es ist seine Stärke, das Zentrum seiner Vitalität. Und solange man mit ein wenig schlechtem Gewissen ins Kino geht, weil es eben doch kein kulturträgerischer Akt ist, solange haben wir die Gewißheit, daß das Kino lebt.

**Greenaway, Wenders und Virilio
als Schwadroneure**

Daß ich seine Filme nie gemocht habe, will ich gleich einräumen. Schon *Der Kontrakt des Zeichners* schien mir in seinen Schauwerten (und mehr hat der Film auch nicht zu bieten, der Plot jedenfalls funktioniert nicht) ein dreistes Plagiat von Stanley Kubricks vielleicht schönstem Film, *Barry Lyndon.* Nun also, einigermaßen bewaffnet, *Prosperos Bücher.* Die Kritiker hatten von einer »raffinierten, hochintelligenten Reflexion über das Medium Film« geschwärmt, von, höchstes Lob, »reinem Kunstkino« *(taz),* ja von der genialen »joycianischen Verbindung von Schrift, Wort und Bild, mit der Greenaway eine Gleichzeitigkeit des imaginativen und imaginären künstlerischen Schöpfungsprozesses zum erstenmal im Kino sinnlich und geistig präsent werden läßt« *(FR)* – und was soll ich sagen, jedes Wort ist wahr! Nicht zu vergessen, daß es Greenaway gelingt, sogar John Gielguds Shakespeare-Versen jede Kraft auszutreiben. Alles in allem ein barocker Film, der, so die *FAZ,* einem barocken Publikum sehr gefallen haben dürfte.

Greenaway hat oft genug betont, daß ihn die Malerei mehr als der Film interessiere – und das sieht man seinen Filmen auch an; erstaunlich jedoch bleibt, daß das Kunstgewerbliche seiner Film-Malerei so brav akzeptiert, wenn nicht gar gefeiert wird. Aber eigentlich ist das auch gar nicht so erstaunlich, denn Greenaway ist ein Meister darin, dem Affen Zucker beziehungsweise dem Filmkritiker die Klischees zu geben, die er so gerne hört: daß das gegenwärtige Kino (Hollywood) konventionell und altmodisch sei, es habe ja beispielsweise noch nicht einmal den Kubismus (Sehgewohnheitenveränderung!) für sich entdeckt, und im übrigen seien Greenaway-Verächter gekennzeichnet durch »Konsumdenken, Philistertum und die Unfähigkeit« – nein, nicht zu trauern –, »Dinge zu durchdenken« *(SZ-Magazin).*

Der Hinweis auf den Kubismus ist insofern apart, als Greenaways Bildästhetik, so sie nicht die großen Niederländer zu imitieren versucht (und die sind ja nun auch schon dreihundert Jahre tot), in Konkurrenz zur zeitgenössischen Werbefotografie tritt, wogegen wenig zu sagen wäre, wenn es sich nicht um einen ärgerlichen Etikettenschwindel handelte: der Kunstgewerbler als Avantgardist. (*Prosperos Bücher,* man sollte sie mal fragen, müßte eigentlich Leni Riefenstahl gefallen: viele nackte Körper, opernartige Musik, anerkannte Großkunst-Vorlage, und das alles mit modernster HDTV-Technologie aufbereitet...)

Wim Wenders' *Bis ans Ende der Welt* muß hier nicht gegeißelt werden – der Film ist so schnell durch die Kinos gerutscht, daß seine sentimentale Verlogenheit beim Publikum kaum Schaden hat anrichten können. Aus Anlaß der Filmpremiere war in der *Zeit* (vom 6. September 1991) ein Essay von Wenders zu lesen, der mir nicht nur für ihn und seine zunehmende Verwirrung typisch zu sein scheint, sondern einige der gängigsten Stereotypen darbietet, die durch die Filmkritik geistern und auch bei vielen Menschen guten Willens Unheil anrichten.

Zwei Arten von Filmen gibt es laut Wenders: diejenigen, die das Ergebnis von Kalkül, von finanziellen (und nicht emotionellen) Investitionen sind; und diejenigen, »die eine Seele haben, denen man ein Zentrum anmerkt, die eine Identität ausstrahlen«. So weit, so gut, aber die Unterscheidung von (flacher, amerikanisch-plutokratischer) Zivilisation und (tiefer, kerndeutscher) Kultur ist auch in Wenders' Fassung nicht charmanter geworden, das hatten wir schon (vgl. Th. Mann, *Betrachtungen eines Unpolitischen*). Auf der anderen Seite ist die Vorstellung, daß Wenders sozusagen als Maria-

Schell-Nachfolger die Seele des deutschen Films retten beziehungsweise werden will, nicht ohne Reiz, wie auch die Idee, daß *Bis ans Ende der Welt* »›Liebe‹, ›Bilder‹ und ›Sehen‹ in einen Zusammenhang« bringen soll. »Können denn ›Bilder‹ oder kann ›Sehen‹ das Thema eines Films oder einer Liebesgeschichte sein?« Aber ja. »Wäre das nicht eine Art Pleonasmus, ein ›Film über das Sehen‹?« Aber nein.

Ich glaube nicht, daß Wenders so einfältig ist wie seine Fragen; er weiß sicher, daß es Filme über das Sehen gibt wie Clowns bei Fellini, daß es in gewisser Weise gar nicht möglich ist, einen Film anzusehen, ohne sich darüber Rechenschaft zu geben, was das ist, was ich sehe: was das Sehen ist. Der Film hat, mit anderen Worten, eine Tendenz zur Selbstreflexion, von Anfang an: In *Uncle Josh at the Moving-Picture Show* (1902) versucht der Titelheld, mit dem Leinwandschemen in eine kommunikative Handlung einzutreten – nicht anders als in Woody Allens *Purple Rose of Cairo* (1984); von den Meisterwerken der »Filme über das Sehen« wie Michael Powells *Peeping Tom* oder Hitchcocks *Rear Window* ganz zu schweigen.

Filme beziehungsweise Regisseure, die Dies & Das nur als Vorwand erzählen, denen es aber *eigentlich* um das Sehen überhaupt geht, sind mit Vorsicht zu genießen. Dieser Hut, der im Bereich der Literatur (»dieser Text ist ein Text, der das Schreiben des Textes beschreibt«) zu Recht als alter gilt, sollte auch von Filmregisseuren (und -kritikern) nicht mehr aufgesetzt werden; jedenfalls sollten sie dann nicht in ein Triumphgeschrei ausbrechen, das Gymnasiasten anstimmen, wenn sie zum ersten Mal erkannt haben, daß es Reflexivität/Text/-Avantgarde gibt, und außerdem einen kleinen Unterschied (»différence«) zwischen Signifikat und Signifikant – kurz: daß das Wort Hund nicht bellt. Alles richtig, aber das wußten wir schon.

Ein weiterer Topos, den Wenders furchtlos in seinem Essay aufgreift, ist der von der »Bilderfülle«, der »freien Verfügbarkeit jeglicher Bilder«, dem »zukünftigen Umgang mit Bildern«. Ich muß gestehen, daß ich bis heute nicht begriffen habe, was mit diesem (in der Regel kulturkonservativen) Lamento gemeint sein soll. Wenn ich sehe, dann sehe ich: beispielsweise jetzt meinen Schreibtisch, das Papier, den Bleistift; ein Bild, eine Bildsequenz. Wenn ich eine Illustrierte durchblättere, sehe ich Bilder; ebenso wenn ich fernsehe – was, um Himmels willen, ist der prinzipielle Unterschied zwischen der Wahrnehmung vor einem bildererzeugenden Medium wie dem Fernsehen, dem Durchblättern einer Illustrierten, dem Blick aus dem Fenster?! Daß die Frequenz in der Abfolge der Bilder heutzutage anders, kürzer geworden ist, will ich gerne glauben; aber wieso daraus (»Bilderflut«) das Unheil kommen soll, verstehe ich nicht. Es muß irgendwie wohl so sein, daß die falschen Bilder (Hollywood, Kommerz) den reinen Quell der »tiefsten Bilder der menschlichen Seele« trüben; was aber nicht so schlimm ist, denn die kann uns auch Wenders, ein Doktor Eisenbart des Films, der uns das Sehen neu lehren will, leider nicht zeigen. Denn diese tiefsten, diese »heiligen inneren Bilder« können nur die Aborigines sehen: »›Traumbilder‹, denen sie ein größeres Gewicht beimessen als den profanen Bildern der ›Wirklichkeit‹.«

Womit der Kreis sich rundet und die australischen Ureinwohner zu Deutschen ehrenhalber geworden sind, war es doch bisher unser anerkanntes Privileg, der schnöden Realität eine schneidende Absage zu erteilen im Verweis auf innere, tiefere Werte (»um so schlimmer für die Wirklichkeit«). Wenn man nun noch bedenkt, daß auch Werner Herzog in seinem Film *Wo die grünen Ameisen träumen,* einer »zivilisationskritischen Parabel«, das Hohelied der Aborigines gesungen hat, so mag der Schluß zulässig erscheinen, daß der deutsche Filmkulturträger heutzutage, und das eben ist der Fortschritt, seine Tiefe (»Seele«) nicht mehr von den Germanischen Heldensagen herleitet, sondern, noch tiefer!, bei unseren Antipoden findet.

Da ich nun einmal beim Anprangern bin, will ich nicht versäumen, meine kritischen Anmerkungen auch in den Theorie-Körper eines französischen Denkers einzuschreiben, der mit einer sehr schlichten Idee sehr berühmt geworden ist: Paul Virilio ist der Erfinder der Dromologie, einer Wissenschaft von der Geschwindigkeit, die herausgefunden hat, daß alles irgendwie immer schneller wird (nur ein weichgekochtes Ei dauert seit Jahrhunderten drei Minuten): Echtzeit, Sie verstehen.

Virilio hat natürlich recht, aber dennoch stimmen mich seine Überlegungen, wie sie zum Beispiel in *Krieg und Kino* niedergelegt sind, nicht sonderlich froh. Und daran ändert auch der Sachverhalt nichts, daß Frieda Grafe und Enno Patalas, diese Säulen deutscher Filmpublizistik, das Buch übersetzt und Virilio damit sozusagen ihren Segen erteilt haben. Im Gegenteil. Ich habe nämlich den Verdacht, daß Virilio ein großer Schwadroneur ist; je länger ich mir seine Sätze anschaue, um so verwahrloster schauen sie zurück. »Tückisch erinnert uns der Terrorismus daran, daß der Krieg ein Symptom ist, das Delirium einer Gemeinsamkeit im Zwielicht der Trance, der Droge, des Blutrauschs.« Kann man das wirklich sagen? Ist nicht viel eher die Gemeinsamkeit der Trance ein Symptom für das Zwielicht des Deliriums? »1905 hatte Einstein seine spezielle Relativitätstheorie formuliert und zehn Jahre später, mitten im Ersten Weltkrieg, die allgemeine.« »Es ist kein Zufall, daß Marilyn Monroe, einer der letzten Stars, auf dem Höhepunkt des Koreakrieges von einem Armeephotographen entdeckt wurde.« »Das Starsystem und die Erfindung des Sexsymbols sind die Folgen einer Logistik der Wahrnehmung, die sich im Verlauf des Ersten Weltkriegs auf allen Ebenen entwickelte. Der Krieg nahm überraschende logistische Dimensionen an und ließ die Methoden der Amerikaner, die von Natur aus Nomaden waren, über ein noch durch Parzellierung und Seßhaftigkeit charakterisiertes Europa triumphieren.« »Die Nitrocellulose, aus der man Rohfilm herstellte, diente ebenfalls zur Herstellung von Explosivstoffen«.

Worauf ich mit diesen Zitaten hinauswill: Virilio ist ein Verschwörungstheoretiker, der Ereignisse, die nichts miteinander zu tun haben, in das Schema von Ursache und Wirkung preßt, der offenbar Kontingenz mit der Beschwörung des Kausalitätsprinzips zu bannen versucht. »Krieg ist Kino und Kino ist Krieg« – darauf muß alles hinauslaufen. Aber wenn es, wie Virilios Formulierung suggeriert, mehr als Zufall gewesen wäre, daß Einstein »mitten im Ersten Weltkrieg« die allgemeine Relativitätstheorie formuliert hat, was bedeutet dann das Jahr 1905 für die spezielle Relativitätstheorie? Müßte das nicht auch, *irgendwie,* kriegsmäßig verortet werden? »1905, genau neun Jahre vor Ausbruch des Ersten Weltkriegs...« (Und die Zahl neun, so könnte man diese Mischung aus Verschwörungstheorie und Beziehungswahn fortsetzen, ist die Potenz von drei, drei aber bekanntlich die heiligste Zahl usw.)

Virilio, ein gläubiger und bekennender Christ, kann offenbar keinen Sperling vom Dach beziehungsweise keine Kamera vom Stativ fallen sehen, ohne darin das Walten des Herrn zu erkennen. Solch ein sehr mächtiges Verfahren der Sinnstiftung spielt nicht nur im Bereich der Religionen eine wichtige Rolle, sondern auch in der Kunst. Thomas Pynchons Romane beispielsweise ziehen nicht wenig von ihrer Faszination aus der Paranoia ihrer Helden und Geschichten, aus der Grundannahme eines totalen Verschwörungszusammenhangs. Freilich sind solche Verfahren in diskursiven, gar wissenschaftlichen Texten bisher nicht üblich.

Aber vielleicht interpretiere ich Virilios Erfolg falsch, vielleicht handelt es sich bei seinen Schriften weniger um Theorie als selber um Kino: um *Gemeinsame Tagträume,* die er und seine Adepten feiern, freilich unter der Losung einer *Logistik der Wahrnehmung.* »Der unverwüstliche Charme Astaires hat seinen Grund sicher in dieser überraschenden Fusion/Konfusion von ›Wissenschaft‹ und Tanz – an anderer Stelle habe ich gezeigt, daß Astaires Smoking, gesäumt mit schimmernden Paspeln, seine Tänze, die meist nur eine Sublimierung alltäglicher Bewegungen und Gesten sind, mit jener ›Ablenkung‹ des Blicks zu tun haben...« Oder wie Carl Zuckmayer in *Des Teufels General* (Krieg! Kino! Curd Jürgens!) so dromologisch treffend sagt: »Immer schneller der Propeller, / Immer besser Herr Professor«.

Filmologen- und Kritikerschelte

In seinem umfangreichen Aufsatz über *Das Schweigen der Lämmer* befragt Heinrich Niewöhner Jonathan Demmes Film »nach mythischen, mystischen und theologischen Aspekten«, wozu er »die Orphik, die Gnosis und christologische Typologie heranzuziehen« gedenkt, was er dann auch unerbittlich tut. Das beeindruckende Wissen des Dozenten für Philosophie, Kunstgeschichte und Literaturwissenschaft wird ausgebreitet, von Leonardo, Rembrandt, Mantegna ist die Rede, von Caravaggio natürlich, von Aby Warburg, Wolfgang Schulz und Friedrich Ohly, von Karl Kerényi natürlich, von Numen Mixtum und Mysterium Conjunctionis – »Die differenzierteste Gestalt ist Billy. Sie verbindet den Dionysos-Kult, der in der Form der orphischen Mysterien in frühchristlicher Rezeption zur Vorstellung von Orpheus als der Präfiguration Christi führt, als gnostische Imitatio Dionysi und Superatio Christi mit der Läuterung des Dionysischen durch das Apollinische in der Orphik. Jene Läuterung besorgt hier, wenn auch gewaltsam, die apollinische Clarice, was im Zusammenhang mit ihrem Aspekt des Johannitischen noch als Hinweis auf den *wahren* Christus aufzufassen ist.« (*Lettre International*, Nr. 19, 1992)

Mein Problem mit dem Text ist nicht, daß Niewöhner gelegentlich gar zu entflammt herbeizitiert, was gut und teuer ist und was sich in einem eifrigen Leseleben eben so angesammelt hat. Mein Vorwurf lautet also nicht, daß sein Text manchmal am Rande der Beliebigkeit und des Beziehungswahns wandelt. Es geht mir um die grundsätzliche Frage, was von Niewöhners Ansatz zu halten ist: »Filme sollten durchaus auch einmal wieder nach Motiven und Stoffen befragt ... werden.«

Motivgeschichten, das ist kein Geheimnis, haben die Tendenz, Denken durch Fundstellen und Zitate zu ersetzen. Und da die geisteswissenschaftliche Maschine gefräßig ist und Bücher, Kunstwerke und weitere legitime Objekte offenbar knapp geworden sind, wird sie jetzt auch mit Filmen und anderem, das unlängst noch als unwürdig und Kulturindustrieabhub galt, gefüttert. Daß die konsumierten Filme dabei naturgemäß nicht fett werden, daß sie bloßes Mittel zum Zweck sind, läßt sich bei Niewöhner studieren. Sein Schlußsatz, der sich auf Warburgs Mnemosyne- und Bilderatlas-Projekt bezieht, lautet: »Aus der hier entwickelten Analogie folgt dasselbe für den Film.« Da wird sich der Herr Demme aber freuen, daß man ihn in einem Zuge mit Aby Warburg nennt! Niewöhner nimmt, mit anderen Worten, *Das Schweigen der Lämmer* zum Anlaß, zum Vorwand für seine motivgeschichtlichen Operationen, bei denen natürlich auch etwas Blut fließt: »Billy und Lecter können mit Zeus und Dionysos verglichen werden« – warum nicht? Man könnte sie freilich auch mit Laurel und Hardy, Pat und Patachon, Stalin und Hitler (Vorsicht: Historikerstreit!) vergleichen – wer bestätigt haben will, daß er sich nicht schämen muß, wenn er ins Kino schleicht, ist mit Niewöhners Text gut bedient.

Ich hingegen bin dezidiert der Ansicht, daß das Kino kein Ort von Pädagogik und Belehrung werden soll. Die wissenschaftliche Beschäftigung mit schönen Büchern und schönen Bildern hat zweifellos zu viel Unheil und Abgötterei geführt, das GuteSchöneWahre (Fußball, Arno Schmidt, Kino) muß vor Erziehern und Kommentatoren mittlerweile eher geschützt und versteckt werden.

Niewöhners Motivgeschichte, nicht nur sein Schlußsatz ist Indiz dafür, weicht dem Film aus: Hinter den Bildern, die wir sehen, wenn wir *Das Schweigen der Lämmer* sehen, stehen andere Bilder, sagt der Autor, und dahinter stehen wieder andere Bilder. Das mag so sein (das kann ja gar nicht anders sein) – *so what?* Das ehrwürdige Bedürfnis, das Neue durch Hinweis aufs Alte legitimieren zu wollen, treibt auch Niewöhners

Text. Das Kino aber gewinnt einen Teil seiner sonderbaren Kraft gerade dadurch, daß es noch nicht ganz zur legitimen Kultur gehört (Godard, Straub/Huillet, Greenaway verstehen sich als Künstler). Selbst wenn Niewöhners Überlegungen und Assoziationen also von Belang sein sollten, was ich gerne unterstelle (»Verbindet das allegorische Integral Clarice als ›Wegbereiter‹ mit dem gekreuzigten Polizisten als ›geopfertem Sohn‹, so wird, wer es kennt, im Bereich der verspielten Opulenz des Referentiellen mit dem schulmäßig geöffneten Bauch des Gekreuzigten einerseits etwa an die berühmten anatomischen Illustrationen des Andreas Vesalius (I), andererseits an eine nicht weniger bekannte Rezeptionslinie erinnert, deren Ausgang Mantegnas Verwendung des ›toten Christus‹ als Chiffre perspektivischer Ordnung in der Mailänder *Beweinung Christi* von etwa 1480 bildet (J) und die in Rembrandts *Anatomie des Dr. Joan Deyman* von 1656 eingeht (K).«) – selbst dann hätte ich für sein motivgeschichtliches Verfahren wenig Sympathie, stellt es doch nur einen weiteren Versuch zur Kolonisierung des Kinos dar. Über solche Art von Filmbetrachtung sagt Walter Benjamin im *Kunstwerk*-Aufsatz: »Es ist sehr lehrreich zu sehen, wie das Bestreben, den Film der *Kunst* zuzuschlagen, diese Theoretiker nötigt, mit einer Rücksichtslosigkeit ohnegleichen kultische Elemente in ihn hineinzuinterpretieren.«

Die Kunst ist, wie sie ist und geworden ist, da kann man nichts machen. Aber für besonders erfreulich halte ich es nicht, daß die große Mehrheit (für Sie und mich gilt das natürlich nicht!) mit zeitgenössischer Kunst wenig anfangen kann. Dies ist kein Plädoyer für eine »einfachere«, volkstümliche Kunst gar; es ist der Hinweis darauf, daß es gar nicht so viele Orte gibt, wo sich die unterschiedlichsten Menschen – ohne Ansehen von Hautfarbe, Religion, Alter, Schulabschluß, Geschlecht und Bruttosozialprodukt – versammeln können, und das sogar tun.

Das Kino ist ein Ort der Demokratie, der Egalität. Wenigstens dort wird eine Sprache gesprochen, die die meisten verstehen. Und ist es da nicht naheliegend, zu wünschen, daß auch die Sprache, in der wir *übers* Kino sprechen, von vielen soll verstanden werden können? Im Kino ist das Auseinanderklaffen von dem, was das Publikum will und dem, was es soll, nicht gar so groß. Der Filmgeschmack der Massen war, mit anderen Worten, jedenfalls nicht weniger oft avantgardistisch als der der Avantgarde. Über das Verhältnis der Masse zur Kunst sagt Walter Benjamin: »Aus dem rückständigsten, zum Beispiel einem Picasso gegenüber, schlägt es in das fortschrittlichste, zum Beispiel angesichts eines Chaplin, um. Dabei ist das fortschrittliche Verhalten dadurch gekennzeichnet, daß die Lust am Schauen und am Erleben in ihm eine unmittelbare und innige Verbindung mit der Haltung des fachmännischen Beurteilers eingeht. Solche Verbindung ist ein wichtiges gesellschaftliches Indizium. Je mehr nämlich die gesellschaftliche Bedeutung einer Kunst sich vermindert, desto mehr fallen... die kritische und die genießende Haltung im Publikum auseinander. Das Konventionelle wird kritiklos genossen, das wirklich Neue kritisiert man mit Widerwillen. Im Kino fallen kritische und genießende Haltung des Publikums zusammen... Es liegt eben so, daß die Malerei nicht imstande ist, den Gegenstand einer simultanen Kollektivrezeption darzubieten, wie es von jeher für die Architektur, wie es einst für das Epos zutraf, wie es heute für den Film zutrifft.«

Als Adam grub und Eva spann, wo war denn da der Edelmann beziehungsweise der Cineast? Es waren doch nicht die Intellektuellen und Filmkritiker, die John Ford, Howard Hawks, Alfred Hitchcock erkannten, sondern die Massen! Für einen kunstgeschichtlichen Doorman, der einen nur reinlassen will, wenn man die barsche Strauß-Frage »Haben Sie eigentlich Abitur?« mit dem Paßwort »Gnosis« beantworten kann, besteht eigentlich kein Bedarf.

Man kann niemandem verbieten, Motivgeschichte zu betreiben; und könnte man's, sollte man's nicht: Mir san net aso (K. Kraus). Aber da der Mensch in einem siebzigjährigen Leben bekanntlich nur 185 Milliarden Informationen aufnehmen kann (*Spiegel,* 28. Dezember 1992, S. 73), muß man sich doch sehr genau überlegen, womit man seine Zeit verschwenden will.

Die Lektüre von Heinrich Niewöhners Aufsatz ist lehrreich. Auf sehr hohem Niveau wird hier in einer Weise über Filme gesprochen, die nicht nur Kinogeher kaltläßt und gelegentlich zur Parodie einer geisteswissenschaftlichen Abhandlung gerät, sondern die ihr Desinteresse am Kino nur mühsam verhehlen kann.

Die große Enttäuschung der letzten Zeit war *The Player* von Robert Altman. Er ist kein ganz bedeutender Regisseur, aber *Buffalo Bill and the Indians, A Wedding* und vor allem *Nashville* sind wunderbare Filme. Daß er seit fünfzehn Jahren nur Schrott produziert hat, ist freilich auch richtig.

The Player ist gar kein schlechter Film, eher einer von denen, die man im Kino ganz interessiert anschaut: »gut gemacht«. Wenn man aber danach über den Film zu sprechen beginnt, ihn durchschmeckt, die besten Szenen nacherzählt, den Plot kritisiert, die Schauspieler lobt, die Zitate entschlüsselt, die aus anderen Filmen gestohlenen Bilder und Ideen sammelt – dann verlieren solche Filme schnell an Reiz. Daß sie ziemlich belanglos sind, merkt man daran, daß man plötzlich nur noch über die Originale und Vorbilder spricht, über die Klassiker des Genres, *Sunset Boulevard* oder *The Day of the Locust,* und im übrigen sei Truffauts *La nuit américaine* sowieso der schönste Film übers Filmen...

Meine Enttäuschung über *The Player* war deswegen groß, weil die Kritik soviel Wind davon gemacht, die Erwartung so angeheizt hatte: *The Player* sei »vermutlich eines der besten, mit Sicherheit aber das intelligenteste Werk über die Branche, in der er spielt« (*FAZ,* 6. Juli 1992). »Böser hat noch keiner von Hollywood erzählt« (*SZ,* 3. Juli); »vermutlich einer der besten Filme über Hollywood« (*FR,* 2. Juli). »Denn so bald gewinnt niemand anderer ein Spiel gegen Hollywood. Und so perfekt vielleicht keiner mehr« (*Zeit,* 3. Juli). Besonders aufdringlich und platt der *Spiegel* (18. Mai 1992): »Ein Film gegen das Star-System unter kräftiger Mithilfe der Stars. Er ist ein Paradox. Ein Krimi, der nicht aufgelöst wird. Eine eiskalte Liebesgeschichte, deren Happy-End vergiftet ist. Alles in allem: ein intelligentes, schönes Kinowunder.«

Diese Kritiker, scheint mir, sind Altman auf den Leim gegangen, sie haben ihm abgenommen, daß es sich bei seinem Film um einen ironischen, sarkastischen, bösen, perfiden usw.: *subversiven* Film über Hollywood handele, eine Abrechnung, die – genial! – *mit* Hollywood *gegen* Hollywood arbeite...

Innerhalb des Systems gegen das System; den Literaturpreis annehmen und die Stifter beschimpfen – solche Topoi der Ambivalenz sind nicht nur bei Journalisten, sie sind bei vielen im Kulturbereich Tätigen verbreitet. Das hat, denke ich, mit dem Narzißmus des Schreibens, des »Schöpferischen« überhaupt, zu tun und mit der Windigkeit der Produkte: Durch ein Gedicht, geschweige einen Zeitungsartikel, kann man hindurchpusten, er ist jedenfalls, verglichen mit einem Beistelltischchen, wenig handfest.

Aber zurück zur deutschen Filmkritik: Ihre Ambivalenz gegenüber Hollywood ist ausgeprägt, um nicht zu sagen das einzig Verläßliche. Das ist ein Fortschritt, vor einigen Jahren war blanker Haß die Regel, aber daß die Zeit der angehimmelten »auteurs« nun langsam vorbei ist, ist mittlerweile bis zu den einschlägig vorbestraften Kritikern von *SZ, FR* und *Zeit* durchgedrungen. Und daß der beste Euro-Film einen »Félix« bekommt, sehen die meisten sogar als gerechte Strafe an.

Hollywood ist für viele dieser Kritiker ein Synonym für Sünde; sich der Sünde hinzugeben, ist bekanntlich verboten – aber eben so schön, so lustvoll! Aus diesem Dilemma führt der Gedanke des »heiligen Sünders« heraus: Ein Hollywoodfilm wäre endlich einmal ohne schlechtes Gewissen zu genießen, wenn man sich einreden könnte, daß es sich dabei *eigentlich* um eine Abrechnung handele. Altman: »Dieser Film benutzt Hollywood als Metapher für unsere Gesellschaft. Er zeigt Gier und Korruption« usw. – sündigen und büßen im Doppelpack, das ist der Köder, den Altman ausgelegt hat, und auf ihn sind, siehe oben, viele hereingefallen. In Wahrheit hat *The Player* mit Hollywood etwa soviel zu tun wie *Moby Dick* mit Fischfang.

Ein junger leitender Angestellter wird von einem seiner frustrierten Klienten mit anonymen Drohungen verfolgt. Als er ihn zur Rede stellt, kommt es zum Streit und zu einem eher unbeabsichtigten Totschlag. Die Polizei ist ihm auf der Spur, hat aber nicht genug Beweise. Er beginnt ein Verhältnis mit der Freundin des von ihm Erschlagenen. Es gelingt ihm, einen gefährlichen Konkurrenten, der ihm seinen Job streitig macht, auszuschalten. Es stellt sich heraus, daß er den Falschen umgebracht hat, den Forderungen des Drohbriefschreibers, der ihn jetzt erpreßt, kommt er nach. Einem Happy-End (einem sarkastischen, versteht sich) mit der mittlerweile schwangeren Freundin steht nichts im Wege, und im Hintergrund flattern die Stars and Stripes (*beißende* USA-Kritik).

Soweit der Plot dieses postmodernen Krimis; daß er im Filmmilieu spielt, daß der Protagonist ein Produzent und seine »Klienten« Drehbuchautoren sind, ist für die Handlung kaum von Belang, er könnte genausogut eine höhere Charge in der Werbebranche sein oder ein Börsenmakler, für die Filmdramaturgie würde sich kaum etwas ändern. Freilich für die Kritik: Ihre Euphorie entzündete sich an dem Fangwort »Hollywood«.

Aber »Hollywood« ist nicht mehr als eine austauschbare Kulisse für *The Player,* es gibt auch kaum Szenen, die für dieses Subgenre zwingend sind: Dreharbeiten und Studio, Star und Regisseur, Ambition und Geld... *The Player* handelt nicht von Hollywood, gibt sich nicht der Faszination, dem Sentiment des Filmmilieus hin. Um den Mythos, wenn es denn der Wahrheitsfindung dient, zu destruieren, müßte man ihn ernst nehmen, ihn inszenieren, aufbauen. Aber für Altman ist Hollywood tatsächlich eine bloße Metapher, und das sieht man seinem Film an.

Noch ein Wort zur Hollywood-Entlarverei: Daß Regisseure möglichst viel, Produzenten möglichst wenig Geld ausgeben wollen und beide die Vorzüge der Besetzungscouch zu schätzen wissen, ist zwar moralisch beklagenswert, aber menschlich und im Prinzip bekannt; es erschreckt uns alte Roués jedenfalls nicht gar zu sehr. In den Worten von *Halliwell's Filmgoer's Companion:* Spätestens seit den vierziger Jahren wird »Hollywood on film« grell, gierig, machtlüstern dargestellt; und, unnachahmlich trocken: »which, in the nature of things, it can hardly fail to be«.

Hollywood-Entlarvung ist zwar nicht das älteste Gewerbe der Welt, aber doch ein ziemlich altes; die deutsche Filmkritik sollte das bedenken und ihre schlechthinnige Begeisterung darob zügeln. Gelungene Abrechnungen mit Hollywood, das liegt auf der Hand, sind Hollywoods Triumph. *The Player* ist keine Abrechnung und kein Triumph, es ist ein intelligenter Fake, auf den beispielsweise Ian Hamilton nicht hereingefallen ist: »*The Player* is captivated by all that it affects to condemn... In no sense, though, is it the ›biting satire‹ on Hollywood that has been suggested by some of the advance hype.« (*Times Literary Supplement,* 3. Juli 1992)

Aber die Eingangssequenz! »Ein einziger Schuß, acht Minuten und sechs Sekunden lang« laut *Spiegel.* »Satte« acht Minuten zählt die *Zeit,* über acht Minuten konstatieren einvernehmlich *FAZ* und *SZ,* nur die *FR* fällt mit »fast« acht Minuten aus dem Rahmen. Wie auch immer – einig sind sich die Kritiker, daß Altman damit einen neuen Weltrekord aufgestellt hat, die Anfangssequenz aus *Touch of Evil* von Orson Welles habe, bekanntlich, nur sechseinhalb Minuten gedauert.

Ja, die erste Einstellung, diese meisterlichen Bewegungsabläufe aus Fahrten, Zooms, Schwenks, finde ich auch eindrucksvoll. Ein Kabinettstückchen. Daß sie länger als die Wellessche dauert, ist schade und ein

Zeichen dafür, daß es Altman an Witz und einer realistischen Einschätzung seiner Bedeutung mangelt. Aber er ist der Autor, und der ist bekanntlich unersättlich und narzißtisch. Daß jedoch die deutsche Filmkritik das Spiel mitmachte, daß niemand auf die Rangunterschiede zwischen Welles und Altman, *Touch of Evil* und *The Player* hinwies, auf die Anmaßung, die in dieser Überbietung liegt, ist bedauerlich. Statt dessen sekundierte man erfreut dem Wettstreit, wer die längste unbeschnittene Eingangssequenz der Filmgeschichte vorzuweisen habe. Das Kino, schon wahr, sollte der Ort des Naiven sein, des Kindlichen meinetwegen, aber nicht des Puerilen.

Kunst und Kino

Ein Fleischberg: ein nackter Körper, an einen Stuhl gefesselt, darunter ein Eimer mit Kotze. Den Menschen, der das mal war, hat der Mörder gezwungen, sich zu Tode zu fressen: *Maßlosigkeit*.

Ein nackter Mann, der sich selbst ein Pfund Fleisch (Shylock läßt grüßen) aus dem Körper schneiden muß, was naturgemäß mit gehörigem Blutverlust verbunden ist (Operation gelungen, Patient tot): *Habsucht*.

Ein an ein Bett gefesselter nackter Mann, dem unser Ritualmörder ein Jahr lang dies und das amputiert hat, bei lebendigem Leibe: *Trägheit*.

Die anderen vier der sieben Todsünden, die ähnlich eindrucksvoll ins Bild gesetzt werden, heißen: *Wollust* – eine Nutte wird von einem messerbewehrten Dildo zerfetzt; *Hochmut* – einem Model wird das Gesicht zer- und die Nase abgeschnitten; *Neid* – eine schwangere Frau wird vergewaltigt, und als ihr abgetrennter Kopf ihrem Ehemann, dem Detective, zugestellt wird, liquidiert dieser den Ritualmörder, was er nicht hätte tun dürfen (Mißhandlung von Festgenommenen), aber die letzte Todsünde darf nicht fehlen: *Zorn,* und damit hat der Mörder, schöne Schlußpointe, sein Gesamtkunstwerk an sich selbst vollenden lassen, womit die unvermeidliche Frage gestellt werden darf, was uns der Dichter beziehungsweise der Massenmörder denn damit sagen will. Hans Schifferle in der *Süddeutschen Zeitung* (23. November 1995) gibt die tiefgründige Antwort: »Vielleicht ist er der Killer in uns allen.«

Sieben von David Fincher ist kein Splatterfilm, die Mordtaten werden nicht gezeigt, kein Blut spritzt dem Publikum ins Gesicht. Die zerstückelten Leichen sehen wir meistens nur auf Polizeifotos oder wenn in corpore, dann mit dankenswerter Diskretion. Außerdem wird Milton zitiert, Dante usw., das Niveau ist hoch.

Ist ja nur Kino! Ist nicht mein Kino. Finde ich eklig, fand ich die ganzen 130 Minuten lang eklig; wenn mir nicht unwohl war, war mir schlecht. Aber da ich nicht zu meinem Vergnügen im Kino saß, konnte ich nicht rausgehen. Ich wollte nämlich überprüfen, ob ich mich mit meiner Kritik an Jonathan Demmes *Das Schweigen der Lämmer* vergaloppiert hatte, wie mir Filmkritiker, Gnosisforscher und Literaturwissenschaftler, aber auch Leute, auf deren Ansichten ich etwas gebe, gesagt hatten. War mein Unbehagen an Demmes Film nur auf schlechte Tagesform zurückzuführen? Im Fernsehen hatte ich ihn schon nicht mehr so schlimm gefunden... *Sieben* war in der Kritik mit *Das Schweigen der Lämmer* verglichen worden, lobend natürlich, und ich war also bereit, abzuschwören und meinen Irrtum einzugestehen, sollte mir Finchers Film gefallen.

»Leider kann ich meine zunehmende Unlust beim Anschauen des Films nicht einfach als Resultat seines ästhetischen Mangels begreifen« – das hatte ich über Demmes Film geschrieben, aber es gilt genauso für *Sieben*. Daß beide Filme außerdem abscheulich sind, ein sadistischer Angriff auf das Publikum, bleibt mein Eindruck, auch wenn die *SZ* von einem »visuellen Meisterwerk« spricht. Denn was ist damit gesagt? Sind wir damit ästhetisch aus dem Schneider, ist mein Abgestoßensein dann meine Privat- und Geschmackssache?

»The cinema is not a slice of life, it's a piece of cake«, sagt Hitchcock bekanntlich, und dem stimme ich zu. Aber was ist, wenn dieser Kuchen aus Blut, Kotze und Scheiße gebacken wurde? Es stellt sich einigermaßen ernsthaft die Frage, ob ein handwerklich-technisch perfekter Film, wie unsere ästhetizistische Filmkritik glaubt, gut sein muß.

Anders gesagt: Warum gehen wir ins Kino? Damit uns schlecht wird? Damit man uns »die Schlechtigkeit der Welt« *(SZ)* vor Augen führt? Aber da müssen wir doch nur die *Tagesschau* angucken! Damit wir unsere Illusionen verlieren? Aber wir haben doch gar keine beziehungsweise wir gehen ins Kino *wegen* der Illusionen! Und wenn schon Illusionen, warum dann diese abstoßenden, und nur diese, ohne Unterbrechung, zwei Stunden lang? In meiner Vorstellung sind zwei, drei Leute hinausgegangen, der Rest hat zumindest seine Zeit abgesessen, am Ende hörte ich nur wenige maulige Kommentare. Wenn das Publikum also masochistisch genug ist, den aus solchen Zutaten gebackenen Kuchen zu essen – wo ist das Problem?

Außerdem zwingt einen ja keiner, sich solch einen Film anzusehen! Das stimmt, und weil ich nicht in die Position eines Moralpredigers kommen will, der nach Zensur oder freiwilliger Selbstkontrolle ruft, könnte ich mich liberalistisch zurücklehnen und es dem mündigen Bürger selbst überlassen, was er sich antun will (wenn es nicht gerade gegen Artikel 1 des Grundgesetzes und seine strafrechtlichen Präzisierungen geht): jedem Tierchen sein Pläsierchen.

Und im übrigen: Was ist mit der griechischen Tragödie, Shakespeare, dem heiligen Sebastian, *Penthesilea*? Da geht's doch rund, ist man kein Kind von Traurigkeit: Blutschande, Zerfleischen, Zerreißen, Zernichten. Und de Sade, und das Theater der Grausamkeit? Alles kanonisierte Hochkultur, deren Gräßlichkeiten nur Dummköpfe oder Spießbürger in Rage bringen könnten, die nicht wissen, wie man Katharsis schreibt. Denn das identifikatorische Miterleben von Schrecklichem, so unsere Lehrer und Therapeuten, läutert uns und macht uns letztendlich zu besseren Menschen, weil wir einen Blick in die Abgründe der eigenen Seele werfen dürfen und unser Charakterpanzer dergestalt Risse bekommt...

An sich eine prima Sache, die noch niemandem geschadet hat. Aber so richtig kathartisch hat *Sieben* auf mich im Unterschied zum *SZ*-Kritiker nicht gewirkt, es mangelte mir an Identifikation, von »Bruder Ritualmörder« entdeckte ich leider keine Spur in mir. Nun mag das an meinem spätbürgerlichen Charakterpanzer liegen und daß ich die Dinge nicht so richtig an mich heranlasse, aber vielleicht auch daran, daß ich eigentlich nicht ins Kino gehe, um meine Ekelgefühle von visuellen Meisterwerken stimulieren zu lassen. Bißchen Blättern im *Pschyrembel,* dem Klinischen Wörterbuch, tut's doch auch (beispielsweise Abt-Letterer-Siwe-Krankheit, S. 6; oder Rhinophym, S. 1037).

Im Prinzip habe ich natürlich nichts gegen Perversionen – aber man wird doch gerne vorher gefragt, ob man teilnehmen möchte. Wer gediegen angebrüllt werden will, geht zu Schleef, wer kulturell auf Blut und Innereien steht, kann sich an einige Aktionskünstler wenden – aber warum jetzt auch noch im Kino? Principiis obsta, und daher dieser Versuch, auf die Unterschiede zwischen Kunst und Kino aufmerksam zu machen, damit endlich diese Verwechslungen aufhören.

Nichts gegen Muehl beziehungsweise Kunst! Aber Schwerkunst ist nun einmal total: Sie geht aufs Ganze, und wenn man ihr Vorschriften macht, denn dann kann sie ihrem Lieblingsgeschäft nachgehen: Grenzüberschreitung, und dabei kann es dann gelegentlich passieren, daß sie einen ein bißchen anherrscht, man solle sein Leben ändern (ein guter Vorschlag: weniger Rauchen und Alkohol, mehr zu Fuß gehen), aber im Unterschied zur solcherart aufdringlichen und also unzivilisierten Kunst ist das Kino doch ein Ort der Zivilisation! Und deshalb wollen wir uns dort auch in Zukunft nicht so gerne anschnauzen lassen. Wenn also jemand zum Kino sagt, »Dich mach ich zur Kunst!«, so verstehen wir das als Drohung und weisen es zurück.

Für den *SZ*-Kritiker ist *Sieben* »einer der düstersten, spannendsten und besten Filme der letzten Jahre«, dessen Ritualmorde ihn denn auch aus dem popligen Kino in höhere Sphären, die der Kunst natürlich, levitieren: »An Beuys erinnert die Sequenz über die Maßlosigkeit, die gelb, fettig und düster wirkt«, an Edvard Munch muß er denken »bei der Passage über die Trägheit, die in ein seltsames Grün getaucht ist, als ob man sich am Grund eines Flusses befände«, von »der Romantik eines De Quincey, in der zwischen göttlich und höllisch schwer zu unterscheiden ist«, ganz zu schweigen. Aber Beuys und Munch, die Schifferle in freier Assoziation und ziemlich schimmerlos herbeibeschwört, kann er doch im Museum angucken, und De Quincey steht im Regal – warum uns beziehungsweise das Kino damit behelligen?

Die Bildungsprotzerei des Films, die den Kritiker so animiert, ist nicht nur peinlich, sie verdankt sich auch einem ästhetischen Irrtum: Das Ekelhafte, die griechische Tragödie zeigt es, und ganz ohne die Pädagogenidee »Katharsis«, kann austariert werden durch das Erhabene, ganz sicher jedoch nicht mittels einer durchsichtigen Allegorese, die offenbar das ästhetische Modell des neuen Kunstkinos, siehe Greenaway, ist.

Zurück zur Frage, warum man ins Kino geht. Um der Obduktion einer Wasserleiche beizuwohnen wie im *Schweigen der Lämmer* oder den endlosen Gräßlichkeiten in *Sieben*? Die Antwort ist ein klares Nein. Es fällt mir nicht leicht, aber ich bekenne: Ich gehe ins Kino – zu meinem Vergnügen. Kein triviales Vergnügen selbstverständlich! Es ist ein durchaus niveauvolles, wenngleich nicht so hoch, daß ich an Beuys oder Anselm Kiefer oder regelrechte Schwerkunst denke wie der *SZ*-Kritiker; aber manchmal erreiche ich immerhin Carl Barks oder Georg Flegel oder Robert Gernhardt...

Es wird manche schockieren, aber ich gehe nicht ins Kino, um mein Leben zu ändern oder ändern lassen zu sollen, sondern um zwei Stunden lang erfreut und, natürlich, auch erschreckt zu werden, aber bitte so, daß die vorschriftsmäßige Angstlust (Lust unterstreichen) entsteht, also nicht blanker Schrecken, Ekel und der Wunsch: Bloß raus hier!

Von ihrem alten Programm, »prodesse et delectare«, hat sich die Kunst seit langem verabschiedet, und dafür soll sie nicht gescholten werden, wenngleich es vielleicht ein wenig übertrieben ist, daß die Absicht, zu erfreuen, nachgerade als unstatthaft, ja Verrat an der Kunst gilt. »Kunst soll keine Schulaufgabe und Mühseligkeit sein«, sagt Thomas Mann, »sie will und soll Freude bereiten, unterhalten und beleben.« Und daher ist es die Aufgabe beziehungsweise Pflicht eines jeden aufrechten Kinogehers, den Kunst-Banausen unter den Kritikern und Regisseuren zu wehren – sollen sie doch ins politische Tanztheater gehen! – und das Kino als Ort unseres Vergnügens zu bekennen, zu lieben und zu ehren.

Dem Publikum ist die Differenz zwischen Kino und Kunst egal, nicht aber jenem Teil der deutschen Filmkritik, der immer noch glaubt, das Kino kulturell erlösen zu müssen, indem er es ins Reich der Offizialkunst führt. Immerhin und erfreulicherweise ist sie nicht mehr, wie noch vor einigen Jahren, allein auf weiter Flur. So gab es beispielsweise auf *Der Blick des Odysseus* von Theo Angelopoulos (*Die Wanderschauspieler, Der schwebende Schritt des Storches*), der zu den, nomen est omen, Göttern der Kunstfilmfraktion gehört, ein geteiltes Echo. Die Adepten waren natürlich schon über den Titel *Der Blick* (Kino, Kamera!) *des Odysseus* (Homer, Joyce!) selig. Und Harvey Keitel, seit *Das Piano* unangefochtener Ersatzjesus, in der Hauptrolle als amerikanisch-griechischer Regisseur (Hollywood goes Piräus) auf der Suche nach der verlorenen (Proust!) Filmrolle, die die Manakis-Brüder (hat es wirklich – real! – gegeben) zu Anfang des Jahrhunderts gedreht haben.

Also reist Keitel, der keinen Namen trägt (»Niemand«: Homer!) auf dem Balkan herum, wochenlang (und der Film ist auch nicht viel kürzer), es ist kalt und regnet, und man wäre lieber in Philadelphia beziehungsweise ist heilfroh, nicht in Albanien sein zu müssen. Und auf den schneeigen Feldern und Wiesen stehen Menschen mit dem Rücken zur Kamera, steif und stumm, und wie ich meine Pappenheimer kenne, hat das wieder irgend etwas zu bedeuten: Tote? Oder daß Tote gar nicht tot sind? Oder daß der Tod eine verdammte Schweinerei ist und verboten gehört? Jedenfalls steht fest, daß Angelopoulos und die anderen derzeitigen Filmheiligen (Wenders hat gerade den Ehrendoktor der Katholisch-Theologischen Fakultät der Universität Fribourg erhalten, kein Witz!) gegen Krieg und Völkermord sind. Da möchte man gleich eine Resolution unterschreiben!

Und wo endet der Film? Richtig, in Sarajewo! Der Leiter des dortigen Filmarchivs, gespielt von Erland Josephson (Bergman!), ist Henri Langlois, dem real existiert habenden Leiter der Pariser Cinémathèque (Kinemathek) nachempfunden (Baskenmütze!), und er hat wunderbarerweise die Filmrollen, kann sie auch entwickeln – und dann werden er und seine ganze Familie (Kinder!) erschossen (Serb'?). Harvey Keitel aber schreit auf mit »einer Stimme, die bis an den Wahnsinn reicht« *(Zeit)* beziehungsweise »heult wie ein Wolf« *(FR)* beziehungsweise »schluchzt dabei wie ein Laiendarsteller« *(taz)*. Danach und am Schluß zitiert er, mit starrem Blick – kein Wunder nach den Erlebnissen – in die Kamera, T. S. Eliot. Überhaupt wird gerne zitiert: Mit Platon fängt es an, dann Homer, Seferis, Rilke; gern gefragt wird auch nach Grenzen und Grenzüberschreitungen: »Wie viele Grenzen muß man überschreiten, um bei sich anzukommen?« (Über sieben Brücken mußt du gehn...)

Ich will es nicht so spannend machen: Ich war nicht sehr begeistert von dem Film. Es ist ja auch mehr eine geschlossene Veranstaltung, Gäste sind wohl zugelassen, aber nicht unbedingt erwünscht: Der Bund internationaler Filmkünstler e.V. hat mit *Der Blick des Odysseus* seine Jubiläumstagung (Hundert Jahre Filmkunst) würdig begangen, und wie der Schweinezüchterverein sich den lieben Gott bekanntlich als Obersten Schweinezüchter vorstellt, so der Filmkünstler das Höchste Wesen, das wir verehren, als Chef einer Kinemathek; in Sarajewo; mit Langlois-Zügen, oh Gott. Und Levi heißt er auch noch: abgreifen, was abzugreifen ist.

Und so wirft Angelopoulos mit dem Speck nach dem Schinken beziehungsweise mit den Filmrollen nach dem heiligen Gral; Keitel als großer Schmerzensmann, der Regisseur als scheiternder Erlöser (Erlösung des Erlösers?): »»Aber meine Reise, die Reise des Theo, ist noch nicht zu Ende‹, hat Angelopoulos schon vor diesem Film gesagt, ›ich reise weiter‹.« So endet die Rezension Peter Körtes in der *FR* (30. September 1995), mit ersterbender Stimme gleichsam, und dieser »Etüde in Einsamkeit« durchaus angemessen, ihrer »spröden Schönheit«, »der Unschuld des Sehens«: »Kontingent ist der Anfang des Films, und er erhält keine Notwendigkeit vom Ende her« – besser kann man es nicht ausdrücken!

Peter Buchka von der *SZ* (30. November 1995) hingegen fährt mehr auf die »komplexe Abstraktionsdichte« ab, die ihn an die »minimalistischen Ouvertüren des späten Verdi« erinnert; Angelopoulos »pfeift auf den gesunden Menschenverstand, der all diese Trostlosigkeiten angerichtet hat«, und Buchka pfeift mit. Daß nun gerade der gesunde Menschenverstand für Sarajewo verantwortlich sein soll, ist sicher eine originelle These und völlig unverdächtig, Ausfluß irgendeiner Art von Verstand zu sein. Klar ist jedenfalls: Nach Sarajewo ist »die Unschuld des Blickes nicht mehr gestattet« (warum nicht nach Troja (Homer!), und wo bleibt Auschwitz?).

»Scheitern«, »Melancholie«, »geballte Schwerkraft« – falsch: »Schwermut«, »umfassende Ratlosigkeit« konstatiert Buchka, aber auch »einen kurzen Ausblick utopischen Glücks«: »Doch schon peitschen wieder Schüsse durch den Nebel.« Aber warum spricht Buchka diesem »großen Wurf«, diesem »grandiosen« Film, diesen »großartigen Bildern« ab, worum es seinem Theo ausschließlich und offensichtlich geht: »seine Kunst zur Ersatzreligion hochzustilisieren«? Hat das alte Aufklärer-Gewissen noch einmal gepocht?

Von solcherlei Anwandlungen frei ist der *Zeit*-Kritiker. *Die Suche nach dem unschuldigen Bild* ist seine Rezension (1. Dezember 1995) überschrieben, und ergriffen zitiert er Schmerzensmann Keitel: »Der erste Film, vielleicht. Der erste Blick. Ein verlorener Blick. Eine verlorene Unschuld... Mein erster Blick.« Daß solches Gestammel »alle herkömmlichen Vorstellungen von filmischem Erzählen außer Kraft setzt«, versteht sich von selbst; Angelopoulos' Filme sind »in den neunziger Jahren noch reiner, noch vollkommener und dadurch noch verzweifelter geworden«: noch jesusmäßiger mit einem Wort. Dies ist keine Filmkritik, dies ist eine Messe, und gelesen wird sie im *Osservatore Romano* der Kunstreligion, der *Zeit;* an der Hammondorgel: Weihbischof Andreas Kilb.

Soweit die Verhaftung der üblichen Verdächtigen. Jens Jessen aber in der *FAZ* und Christiane Peitz in der *taz* vom 30. November haben vor dem Götzen nicht das Knie gebeugt: statt dessen Filmkritik mit aufrechtem Gang beziehungsweise menschlichem Gesicht, bravo! Beide mokieren sich über Angelopoulos' Mythos-Getue, das unaufhörliche Raunen über ernste, reine, unschuldige Bilder, das geschwätzige Pathos und die cineastische Selbstanbetung: »Die Autorenfilmer gebärden sich als Epigonen ihrer selbst«, heißt es in der *taz*. Und die *FAZ* zeichnet trocken »ein Porträt der Filmkunst als alterndes Medium«: Angelopoulos' »Bilder verlangen die Bereitschaft zur Meditation an einem Ort, der zur Meditation nicht geschaffen wurde und die darum nur einem spätlingshaften Überdruß an allem entspringen kann, was schnell, bewegt, pointiert« ist. Mag man die Länge, die lange Weile des Films auch als avanciert feiern und gegen »Hollywood-Hektik« ausspielen, so lugt aus seiner Handlung die Wahrheit übers Kunstkino hervor: »das alte Sentimentale, viel Weinerlichkeit und Selbstmitleid des Künstler-Außenseiters, nur knapp verbrämte Macho-Herrlichkeit«.

Könnte es sein, daß das, was sich solcherart als Kunstfilm versteht, eher dem Kunstgewerbe zuzurechnen wäre? Es geht mir weniger um die Frage, ob *Der Blick des Odysseus* ein großartiger oder ein schrecklicher Film ist. Es geht mir um den erstaunlichen Sachverhalt, daß ein Film, der sich selbst als religiöses Ereignis inszeniert und vor Prätention fast platzt, in liberalen Zeitungen geradezu beweihräuchert wird, in der konservativen *FAZ* und der libertären *taz* aber auf Mißfallen stößt. Die liberale Presse, das war doch einstmals der Hort der

Aufklärung, der Ironie, der Kritik, der Vernunft, des Säkularen, und den Himmel überließ man den Engeln und den Spatzen – oder eben den mythosdurstigen Konservativen und den linken Schwärmern und Heilsbringern. Und in diesen liberalen Feuilletons führen nun die Kulturfrömmler das große Wort.

Es gibt Kirchen. Es gibt Museen. Es gibt das Kino – und diese drei Orte sollten wir in Zukunft wieder hübsch auseinanderhalten.

Ohne Identifikation läuft nichts

»Ich glaube an Amerrika« – wir hören dieses Credo, und erst dann sehen wir aus der Schwärze der Leinwand ein Gesicht auftauchen, das eines Mannes, ziemlich häßlich, dunkler Teint, große Ohren, schiefe Goldzähne, Schnauzbart, eine Halbglatze, auf die das Licht fällt, die Augen liegen im Dunkeln, nur ein winziges Funkeln bricht aus den verschatteten Höhlen hervor, und er spricht weiter, mit diesem schweren italienischen Akzent erzählt er von seiner Tochter, der versuchten Vergewaltigung, wie sie mißhandelt und zusammengeschlagen wurde – und die Kamera zoomt ganz langsam zurück, wir sehen eine Hand, auf deren Wink hin dem verzweifelten Mann ein Glas Schnaps gereicht wird, und nun erkennen wir links im Bild die Silhouette eines Kopfes, der sich auf diese Hand stützt, und weiter erzählt der Mann, daß er zur Polizei gegangen sei und man die Täter auch verurteilt habe, aber auf Bewährung! – und die Silhouette des Kopfes füllt nun fast die halbe Leinwand, überlebensgroß, und der Mann bittet Don Corleone um Gerechtigkeit – »Was soll ich tun?« fragt die Silhouette mit heiserer Stimme, und der Bittsteller flüstert es ihr, ein unvergeßlicher Scherenschnitt, ins Ohr.

Drei Minuten dauert diese Einstellung, kein Schnitt, sie ist ganz einfach, ein Zusammenspiel von Schwärze, Schatten und ein bißchen Licht mit den sparsamen Bewegungen von Kamera, Mienenspiel und dieser Hand, deren winzige Gesten von überwältigender Grazie sind. Eine beinahe religiöse Stimmung von Furcht und Ehrfurcht liegt über der Szene, und was für einen Auftritt hat der Don, wenn nicht eines Gottes, so doch eines Godfathers würdig: Man sieht ihn nur als Schemen, aber alle Aufmerksamkeit ist auf ihn gerichtet. Und dann noch einmal drei Minuten, bis die Kamera das dunkle Arbeitszimmer von Don Corleone verläßt und unter freiem Himmel auf Long Island eine italienische Hochzeit feiert – freilich sind im Unterschied zur Eingangssequenz diese drei Minuten, in denen der Don dem Bittsteller klarmacht, daß nicht Geld, sondern Respekt der Preis ist, den er für die Freundschaft des Paten zu zahlen hat, durch zwölf Schnitte und drei Kameraschwenks aufgefächert.

Von den ersten Bildern an hat der Film seinen Rhythmus gefunden: lange, ruhige Einstellungen, abgelöst von schnellen Schnitten, Schwenks, Fahrten; der Wechsel von drinnen und draußen: dunkle Zimmer, Höhlen in Brauntönen, wo die Geschäfte besprochen werden und auch am Tag das Licht brennt – und die Sonne, die Musik, der Tanz auf der Hochzeitsfeier der Tochter, eine halbe Stunde lang dauert diese Sequenz, und beinahe könnten wir hoffen, daß doch noch alles gut wird, wenn nicht der Don immer wieder in seine Höhle verschwände, um Bittsteller zu empfangen und sich von ihnen als Zeichen des Respektes seine rechte Hand küssen zu lassen, und wir begreifen, daß die kleine Bewegung dieser Hand, die uns so fasziniert hat, nicht nur zum Reichen eines Glases auffordern, sondern auch einen Mord in Auftrag geben kann.

Wie streng dieser Film komponiert ist, sieht man nicht beim ersten Mal, denn er stellt seine Form nicht eitel aus, wie es moderne Kunstwerke so gerne tun: Zeige deine Zwangsjacke! Ganz in der amerikanischen Tradition verbirgt er lieber sein Kalkül hinter Schauwerten, spannender Geschichte, hervorragenden Schauspielern, grandioser Kamera, süchtig machender Musik: eine perfekte, großartige Hollywoodproduktion, und damit könnten wir uns zufriedengeben. Francis Ford Coppolas *Der Pate* ist aber mehr, und das erkennt man nur, wenn man die drei Folgen dieses neun Stunden dauernden Epos hintereinander sieht. Denn erst im Zusammenhang der Trilogie wird deutlich, wie meisterhaft die einzelnen Teile in sich gebaut und in Wiederholung und Variation leitmotivisch miteinander verknüpft sind. Auch wenn man sich hüten soll, Filme durch Vergleich mit klassischer Hochkunst aufwerten zu wollen – für diejenigen, die ihre ästhetischen Epiphanien statt im Kino in den traditionellen Kulturtempeln erleben, sei festgehalten, daß Coppolas Gesamtkunstwerk, seine große Oper, sich dem Rang nach allenfalls mit denen Wagners vergleichen ließe. *Der Pate* ist der *Ring* des 20. Jahrhunderts, aber ja, ein Höhepunkt der Filmgeschichte in der Beherrschung des ästhetischen Materials, und er ist eine vollendete Adaption des Mythos für unsere Zeit.

Die ersten beiden Teile des *Paten* stammen aus den Jahren 1972 und 1974, und sie waren beim Publikum und sogar bei den meisten Kritikern große Erfolge. Der dritte Teil, aus dem Jahr 1991, fiel in der kritischen wie der kinogehenden Öffentlichkeit weitgehend durch. Aufgrund des fast zwanzigjährigen Abstands bemerkte man nicht, mit welcher tödlichen Konsequenz Coppola in diesem dritten Teil die Geschichte der Familie Corleone zu Ende erzählte. Aber dank des Videorecorders kann nun jedermann eines der großen Meisterwerke unserer Zeit am Stück und somit erst wirklich zur Kenntnis nehmen.

Einer meiner Lieblingsregisseure ist Martin Scorsese. Als ich mir vor einigen Monaten *Casino* ansah, war ich frustriert und ratlos: alles ganz großartig, wie immer, »toll gemacht«, aber trotzdem ließ mich der Film vollkommen kalt. Lag es an mir oder dem Film? Sah ich mir also, Video sei Dank, Scorseses ersten, so viel gelobten Mafiafilm an, *GoodFellas,* mit einem ähnlichen Resultat. Beide Filme zeigen den Regisseur auf dem Höhepunkt seiner Fertigkeiten, er kann alles, hat genügend Geld, hervorragende Schauspieler und Mitarbeiter, die Filme sind engagiert und sogar aufklärerisch: Kenner behaupten, das Mafiamilieu werde so realistisch gezeigt wie nie zuvor im Kino, und auch Scorsese hat immer wieder stolz darauf hingewiesen, daß die Filme auf Tatsachenberichten basieren – kein Dokumentarfilm im engeren Sinne, aber doch eine Art »Essay« über die Mafia, wie ein englischer Kritiker spöttisch bemerkte, wenn auch üppig und mit allen Schikanen und Robert De Niro in Szene gesetzt. Literatur der Arbeits- beziehungsweise Unterwelt à la Hollywood, sozusagen.

Endlich einmal zeigt jemand die *Strukturen* des Geschäfts, nämlich die Flüsse des Geldes, aus den Taschen der Spieler in die Automaten und auf die Roulettetische, durch Schächte und Fließbänder bis in den Tresorraum, wo es gezählt und gebündelt wird, und weiter geht der Weg, bis es endlich, per Kurier überbracht, in den Taschen der Gangsterbosse landet. Das ist politische Ökonomie, die *realen* Bewegungsgesetze des Kapitals werden nicht, wie in Hollywood sonst üblich, hinter einer Liebesgeschichte oder Gangsterstory *verborgen,* sondern *konkret* vorgeführt, quasi strukturalistisch analysiert; *Casino,* begeisterte sich der Kritiker der *Frankfurter Rundschau,* sei auch eine »ethnologische Studie«, »Verhaltensforschung«, »Betriebsbesichtigung«, »hochverdichteter Dokumentarfilm«. Genau so hat der Film auf mich gewirkt.

Scorseses Mafiafilme sind eine Antwort auf Coppolas *Paten*: die Wahrheit statt der Legende, der Essay statt der großen Oper. Nun ist gegen die Wahrheit ja eigentlich nichts zu sagen, geschweige gegen den Essay! Aber das Verhältnis von Wahrheit und Legende ist intrikater, als Scorsese hier wahrhaben will, es ist jedenfalls keine Option, die man einfach wählen kann, es sei denn um den Preis, das Publikum ein wenig zu langweilen: denn daß das Böse böse ist, wußten wir ja schon. Der Mangel seiner beiden Filme, so grandios sie sonst sind, ist ein intellektueller: Filme können die Wahrheit nicht *sagen,* sie können sie nur *sein,* als Kunstwerke, im Spiel von Licht und Schatten, Schein und Sein.

Der Pate zeigt alles andere als die Wahrheit über die Mafia; ihre Legende ist er zweifellos geworden, als real existierendes Werk, und das hat ihm die Kritik auch säuerlich vorgehalten: Romantisierung des Mobs. Ein Vorwurf, der allenfalls gegen den ersten Teil erhoben werden kann, die Trilogie insgesamt ist so tieftraurig, daß man sich kaum Sorgen machen muß, bei ungefestigten Jugendlichen könnte der Film problematische Berufswünsche hervorrufen. Der Vorwurf geht noch aus einem anderen Grund ins Leere: *Der Pate* ist eigentlich kein Film über die Mafia, sondern über die Familie. »Familie« nicht als Bezeichnung für eine mafiose Gangsterorganisation, sondern im alltäglichen Sinn: Familienbande, in denen jeder Mensch zappelt.

Der Pate erzählt die Geschichte Michael Corleones (Al Pacino), des Sohnes von Don Vito (Marlon Brando), und wie er dessen Nachfolger als Pate, als Gangsterboß wird, obwohl er das gerade nicht will. Michael ist derjenige von drei Söhnen, der mit den verbrecherischen »Geschäften der Familie« nichts zu tun haben will. Die Umstände aber lassen das nicht zu, die Sorge um seinen Vater zwingt ihn in diese Karriere. Um das Leben des Vaters zu retten, erschießt er zwei Menschen. Um die eigene Familie vor den rivalisierenden anderen Mafia-Familien zu schützen, muß er Morde verüben lassen. Er kann sich nicht, selbst wenn er wollte, aus dem »Geschäft« zurückziehen, will er nicht das Leben seiner Eltern, seiner Frau und Kinder aufs Spiel setzen. Schließlich, und das ist der Angelpunkt der ganzen Geschichte, läßt er sogar seinen Bruder Fredo, der ihn verraten hat, umbringen; um die Familie zu schützen, muß man sie töten. Michael Corleone ist ein Getriebener, eine tragische Figur; es ist ein böses Schicksal, nicht eigenes Verschulden, das ihn in dieses Leben zwingt. Es ist eine griechische Geschichte, oder eine sizilianische, insofern in Sizilien das archaische Gesetz gilt, das der Blutrache.

Man muß kein Mafioso sein, um zu erleben, wie schwer es ist, der Familie zu entkommen. Aber jeder, der diesen Mafiosi und ihrer Familie zusieht, erkennt sich darin wieder. *Der Pate* erzählt die Geschichte von Eltern und Kindern, nicht nur die der Mafia. Er benutzt deren Kostüme und Kulissen als Staffage, und dafür wollen wir dankbar sein. Denn wahrscheinlich, sensationslüstern, wie der moderne Massenmensch nun leider einmal ist, hätten uns selbst Marlon Brando als Drogist und Al Pacino als sein Sohn, der gerne Sozialarbeiter werden will, aufgrund schicksalhafter Umstände seinem Vater aber nachfolgen muß, irgendwie nicht so recht gelockt, diesem Treiben neun Stunden lang zuzusehen. Im Kino gefällt es uns ausnehmend gut, wenn unser alltägliches Gemurkse dramatisiert wird, wenn es statt der Frage Kaffee oder Tee, Kohl oder Lafontaine um ein bißchen mehr, um Leben oder Tod geht. Deshalb lieben wir Gangsterfilme, und wir lassen dann sogar den Verbrecher in uns von der Leine: Alle, die uns jetzt dumm kommen, werden in Angst und Schrecken versetzt, umgehauen, weggepustet, endlich sind wir frei von diesen dämlichen, uns ganz unangemessenen Regeln und Gesetzen – die letzten zehn Minuten identifizieren wir uns dann wieder brav mit den Ordnungshütern, setzen unser Biedermannsgesicht auf und sehen mit großem Genuß und nur ein bißchen Wehmut zu, wie James Cagney in die Luft fliegt.

Der Gefahr, die Mafia zu romantisieren, den Verbrecher zu verherrlichen (deshalb muß er ja im Gangsterfilm am Schluß sterben), ist Scorsese entgangen, ein bißchen zu sehr vielleicht. Denn seine lobenswerte Absicht, endlich einmal die Wahrheit über den Mob zu sagen, führt leider zu dem bedenklichen Ergebnis, daß so gar keine Faszination entsteht: Das Leben eines Mafioso, so zeigt es *GoodFellas,* ist einfach schauderbar; das einzig Angenehme scheint zu sein, daß man an der Warteschlange vorbei einen Tisch in angesagten Restaurants bekommen kann. Hauptsächlich aber muß man offenbar in protzig-geschmacklosen Räumlichkeiten mit Frauen vom Typus »ordinäre Friseuse« – noch fieser als die *Dal-*

las- und *Denver*-Schneppen – dem Geschlechtsverkehr obliegen, Kokain schnupfen (sehr ungesund!, greift die Nasenschleimhäute an) und um sein Leben fürchten. Wenn man in den Schulen der Gettos diese Filme vorführen ließe, könnte man dem organisierten Verbrechen einen empfindlichen Schlag versetzen, zumindest hätte der Mob große Nachwuchsprobleme.

Ich habe Scorseses Mafiafilme mit Verwunderung und mildem Desinteresse angesehen: Was geht mich das alles an? Selbst Robert De Niro, der sogar einem Klomann Aura verleihen kann, bleibt in *Casino* blaß: kein großer Verbrecher, den man fürchtet und bewundert, sondern ein kettenrauchender Aufseher über eine Bande von schmierigen Angestellten, und der wirkliche Mörder und Verbrecher in beiden Filmen, eindrucksvoll von Joe Pesci gespielt, ist nur noch zum Fürchten. Er ist regelrecht verrückt, und wenn er Leute zusammenschlägt und umbringt, kommt keine Freude auf, man ist schlicht abgestoßen; einen Menschen, dessen geistiger Horizont von der Frage nach dem nächsten Blow-job begrenzt ist, möchte ich eigentlich nicht kennenlernen. Als Identifikationsfigur jedenfalls ist er nicht allererste Sahne.

Die Casinowelt von Las Vegas ist zu billig, um mich zu verlocken. Und Sharon Stone ist als Spielernutte zu überzeugend, als daß man sich in sie verlieben könnte. In einer großartigen Kamerafahrt wird uns der Inhalt von De Niros schier endlosem Kleiderschrank gezeigt – wer auf Klamotten steht, wird hier gut bedient, aber für mich, einen geistigen Menschen und Bücherleser, hat das doch eher den Appeal des Schuhschranks von Imelda Marcos: I brach des ois net (Herr Karl).

Wenn ein Kopf und ein Film zusammenstoßen, und es klingt hohl, muß das nicht am Film liegen. Aber um in einen Film hineinzukommen, muß man sich in ihm wiederfinden: Das bin ja ich!, denkt das Kind, wenn es Prinz Eisenherz oder den roten Korsaren sieht, und noch des Erwachsenen Lektüre allersubtilster Gedichte (»Schön ist es, / Champagner bis zum Anschlag zu trinken«) zehrt von der Macht des Tagtraums, wenn seine

Majestät, das Ich, herrscht. Von Pippi Langstrumpf zu Leopold Bloom, von Petzi zu Alwin Streibl ist es kein so großer Schritt, in jeder genuinen Beschäftigung mit Kunst hat sich etwas Unerwachsenes, Kindliches erhalten.

Wie komme ich ins Bild hinein, in den Roman, den Film, wie mache ich aus einer Geschichte *meine* Geschichte? Der ursprüngliche Weg ist der über die Identifikation mit dem Helden, und ein Grund, warum der Film in seinem Jahrhundert die ganze Welt erobert hat, liegt eben darin, daß er bis heute diesen Königsweg geht: Kinohelden dürfen größer und strahlender sein als Romanhelden. Was in der Literatur unweigerlich als Schund gälte – der Unbesiegbare, die überirdische Schönheit –, ist im Film nicht nur möglich, sondern üblich: der Star. Und selbst die Hardcore-Filmkunstfraktion – mit Ausnahme von Straub/Huillet – würde das mittlerweile wohl zugeben, zähneknirschend. Daß dies geradezu ein Grundgesetz des Films ist – größer und schöner als das Leben – und nicht nur Hollywoods, das bekanntlich nur die niedrigen Unterhaltungsbedürfnisse des Publikums befriedigen will, kann Stanley Kubricks *Barry Lyndon* belegen. Warum ist der Held des Romans soviel dunkler, gemeiner, verlogener, warum hat Kubrick ihn deutlich positiver gezeichnet?

Anders gefragt: Wie schafft es Thackeray, uns in den »Roman ohne Helden«, so seine Formulierung, hineinzuziehen, wenn es stimmt, daß bei einer Lektüre Identifikation nicht alles, ohne Identifikation aber alles nichts ist? »Ich darf wohl annehmen, daß es in ganz Europa keinen Gentleman gibt, der nicht schon vom Hause Barry von Barryogue im Königreich Irland gehört hat«: Indem Thackeray uns Redmond Barrys Geschichte durch diesen selbst erzählen läßt, bekommen seine Aufschneidereien und Lügen, die so schnell zu durchschauen sind, etwas Komisches. Wir sind nicht ärgerlich oder abgestoßen, sondern müssen lachen. Barry ist wohl ein schlechter Kerl, aber als Gescheiterter, der im Schuldturm sterben wird, hat er doch unser Mitleid verdient.

Die Perspektive, die sarkastische Erzählweise Thackerays ermöglicht es uns, über seinen problematischen Helden zu lachen, in dessen Eitelkeiten und Opportunismen unsere eigenen zu sehen und zu wünschen, daß unser Leben einmal ähnlich großmütig betrachtet werde, wie wir das des Redmond Barry lesen: So zieht uns Thackeray in den Roman hinein. »Diese Technik«, sagt Stanley Kubrick, »eignete sich ausgezeichnet für den Roman; in einem Film hingegen hat der Zuschauer ständig die objektive Wirklichkeit vor Augen, somit läßt sich die Wirkung, die Thackeray mit seiner Ich-Erzählung auslöst, auf der Leinwand nicht wiederholen.«
Wer Kubricks wunderbaren Film kennt, wird dem Regisseur nicht vorwerfen, daß der Held »geschönt« ist, positiver gezeigt wird als im Roman. So wie es dumm ist, die Wahrheit der Malerei gegen die der Fotografie auszuspielen, so ist es falsch, die Standards und Kriterien der Literatur, die sich in so langen Jahrhunderten entwickelt haben, dem Film um die Ohren zu schlagen. Gebt dem Roman, was des Romans und dem Kino, was des Kinos ist. Clark Gable und Marilyn Monroe wären in ihrer Eigenschaft als Stars in der Literatur lächerlich, allenfalls in Heftchenform denkbar; im Film sind sie Sterne, zu denen wir in Liebe aufblicken.
Der Film ist eine junge Kunstform, und seine historische und ästhetische Jugendlichkeit ist ein Grund für seine Schönheit und Vitalität. Vor dem Buch sind wir älter, zynischer als vor der Leinwand, und da wir von ganz alleine immer älter werden, wollen wir es dem Kino nicht vorwerfen, wenn es uns Helden schenkt, mit denen wir uns identifizieren können, wenn es uns, für einige Stunden, in das Staunen und die Begeisterung der Kindheit zurückführt.

Finale

Die Wahrheit der Legende

John Ford und der Abschied vom Western

Warum *Liberty Valance*? Viele Kenner halten *The Searchers* für den bedeutendsten Western, auch er von John Ford, auch hier John Wayne in der Hauptrolle. Und ist nicht *Liberty Valance* in vielerlei Hinsicht gerade untypisch für das Genre? Kein »big country«, nicht die endlose Weite der Landschaft – die meisten Szenen spielen in einem Westernkaff, nachts, häufig im Haus; viel, sehr viel Dialog – kein Beispiel für die schöne Lakonie, die wir beim Westerner lieben, weil sie einem Gebot des Kinos überhaupt entspricht: Schweig, damit ich dich sehe. Und schließlich ist der Film auch noch in schwarzweiß – keine »yellow rose of Texas«, kein Blau des Himmels, kein Rot Monument Valleys.

Der Mann, der Liberty Valance erschoß ist der radikalste Western der klassischen Ära. Er ist der Abgesang John Fords auf das Genre, »the western, to end all westerns«. Und, nicht zuletzt, bringt er die beiden großen Stars zusammen, die den Western geprägt haben, John Wayne und James Stewart. In *Liberty Valance* durchbricht Ford die Regeln des Genres in einer Konsequenz, die die Propagandisten des Experimentalfilms, die cineastischen Sehgewohnheitenveränderungsforderer, die Schwätzer über die Abgelebtheit des »Erzählkinos« usw. als das entlarven, was sie sind: bewußtlos und uninformiert; aber Augen kann man eben nicht kaufen.

Gegen Regeln zu verstoßen, ist das einfachste; und oft stößt es ab, weil die hauptberuflichen Regelverstoßer ihre Verachtung des Publikums nicht einmal notdürftig kaschieren. Man muß, mit anderen Worten, gute Gründe haben, wenn man das Versprechen bricht, das jedes

Kunstwerk stillschweigend voraussetzt: Ich tue dir nichts, dir wird nichts geschehen. Ford hat gute Gründe, und der Schmerz, den es ihm bereitet, gegen die Regeln zu verstoßen, ist sichtbar im Film, Teil der Inszenierung. Es tut weh, dem zuzuschauen, und dies mag mit ein Grund sein, warum *Liberty Valance* beim Publikum und bei der Kritik keinen so großen Erfolg hatte. In der Tat, er ist etwas »clumsy«, wie Mr. Halliwell kritisiert, »heavy-spirited«, wie Pauline Kael feststellt.

Helden sind unsterblich; der unsterblichste Held des Kinos ist John Wayne – wenn *Liberty Valance* beginnt, ist John Wayne tot; und nicht einmal eine heroische Leiche, sondern wir müssen ihn uns als eine Art toten Penner vorstellen; er liegt in einem Billigsarg, ohne die Insignien des Westerner: ohne Stiefel, Sporen, ohne seinen Revolver. Als Halbwüchsiger sah ich den Film zum erstenmal, ich erinnere mich gut des Schocks, daß und vor allem wie *Liberty Valance* die Regel des unsterblichen Helden durchbricht. Bei denjenigen, die nicht mit dem klassischen Western, sondern der italienischen Abart aufgewachsen sind, mag dies ein müdes Lächeln hervorrufen, basiert der Italowestern doch gerade auf dem Prinzip, gegen alle Konventionen des Genres zu verstoßen, in möglichst extremer, hergeholter Weise.

Aber wie das so ist mit Prinzipien: Sehr schnell sind sie durchschaut, und da jeder Italowestern durch nichts als die Überbietung des Vorläufers sich rechtfertigt, ist man bald gelangweilt. Anders gesagt: Der Italowestern hat kein freundliches Verhältnis zu seinem Publikum, sondern ein zynisches. Er hat kein Interesse an seinen Gegenständen als das der Ausbeutung: ex und hopp. Seine besten Ergebnisse erzielte er daher auch, wenn er den Zynismus seines filmischen Verfahrens in eins setzte mit dem Zynismus seiner Protagonisten: der käufliche Söldner in *Mercenario* zum Beispiel, dessen Verhalten im Kapitalismus ziemlich genau unserer Analyse entsprach, freilich ohne unser Revolutionspathos.

Der Italowestern ist parasitär und hier nicht weiter von Interesse. Wenn ich Western sage, meine ich den klassischen amerikanischen: von *Stagecoach* (1939) und *Red River* (1948) bis *The Naked Spur* (1952), *The Searchers* (1956) und *Rio Bravo* (1958). Drei Regisseure haben das Genre geprägt: John Ford, Howard Hawks, Anthony Mann. Und die beiden Stars, die zum erstenmal gemeinsam auftreten in *The Man Who Shot Liberty Valance* (1962).

Wenn der Film beginnt, ist der Westen nicht mehr der des Western: Einen Zug zeigt die erste Einstellung, und er war es, der den Westen verändert hat; er hat in ein Territorium der Gewalt, der Gesetzlosigkeit, der schrankenlosen Freiheit die Zivilisation gebracht, Recht und Ordnung. Der Zug war es, der den Westerner, den reitenden Helden, anachronistisch werden ließ.

Senator Ransom Stoddard (James Stewart) und seine Frau Hallie (Vera Miles) kehren mit diesem Zug in die kleine Stadt Shinbone zurück, die sie vor dreißig Jahren verlassen haben, und in den Grenzen von Shinbone wird der Film spielen, gefangen sein. Nicht der Raum, die Weite, der ferne Horizont wird den Film prägen, sondern die Dimension der Zeit, ein Spiel zwischen Gegenwart und Vergangenheit, zwischen Ankunft und Abschied: Erinnerung.

Die beiden sind zurückgekommen, um an der Beerdigung eines Freundes teilzunehmen. Tom Doniphon? Der Redakteur des *Shinbone Star,* der den berühmten Politiker interviewt, kennt nicht einmal den Namen des Verstorbenen. Und als der Senator darüber nichts sagen will, insistiert er: »Die Öffentlichkeit hat ein Recht, die Geschichte zu hören.« Nach einem langen Blick zwischen ihm und seiner Frau beginnt der Senator seine Erzählung: »Sie kennen doch die Stadt frühestens, seit es hier eine Eisenbahn gibt. Damals sah es hier anders aus, ganz anders. Als ich das erstemal nach Shinbone kam, bin ich mit der Postkutsche gefahren. Sie sah so ähnlich aus wie die hier. Mal sehen. Es könnte sogar dieselbe sein, das wäre durchaus möglich. ›Overland‹, natürlich, es ist dieselbe. Also hören Sie zu, hören Sie gut zu. Ich war ein junger Kerl. Ich hatte mein Jura-Examen, den Koffer voller Gesetzbücher, vom Vater eine goldene Uhr und 14 Dollar 80 Cent in der Tasche. Ich hatte den Ratschlag Horace Greeleys wörtlich genommen: Nach Westen, junger Mann, nach Westen, dort findest du Ruhm, Glück und Abenteuer...«

Ein Schuß fällt, und er ist das Signal, daß wir uns nun in der Zeit befinden, als der Westen noch Abenteuer bedeutete, als die Postkutsche statt der Eisenbahn verkehrte: Wir sind in den achtziger Jahren des letzten Jahrhunderts. Es ist dies eine der schönsten Überleitungen in eine Rückblende, die die Filmgeschichte kennt: die raunende Stimme Jimmy Stewarts, die alte Postkutsche (von der einige behaupten, es sei dieselbe, die die Titelrolle in *Stagecoach* spielte), der Schuß, der unsanft den träumerischen Übergang von einer Zeit in die andere beendet – jetzt sind wir, nach der siebzehnminütigen Einleitung, in der harten Realität dieser Rückblende gelandet; sie wird neunzig Minuten dauern, und daran wird sich ein fünfminütiger Epilog, wieder in der Erzählzeit spielend, anschließen.

Der Schuß stammt aus der Waffe von Liberty Valance (Lee Marvin), der die Postkutsche mit seinen Kumpanen überfällt. Valance ist kein gewöhnlicher Bandit, er steht im Sold der Viehbarone, die zu verhindern versuchen, daß aus einem freien Territorium, wo das Gesetz des Stärkeren gilt, ein amerikanischer Bundesstaat wird, wo »law and order« herrschen.

Valance schlägt Stoddard nieder und prügelt ihn fast zu Tode, als er dessen Gesetzbücher findet: »Hier bei uns herrschen andere Gesetze, West-Gesetze.« Damit ist das Leitmotiv des Films angeschlagen: West-Gesetze gegen Ost-Gesetze. Die einen bedeuten Gewalt und Tat, die anderen Wort und Vertrag. Daß der Outlaw Liberty Valance den Namen der Freiheit führt, geradezu den Wert (valence) der Freiheit verkörpern soll, ist freilich nicht ironisch gemeint. Freiheit ist für Ford ambivalent, sie hat eine böse, dämonische Seite: Liberty Valance;

und eine gute, die uns in Gestalt Tom Doniphons (John Wayne) entgegentritt. Er findet den schwerverletzten Anwalt und bringt ihn in die Stadt, zu seiner Braut Hallie, die mit ihren Eltern ein kleines Restaurant führt. Sie wird Stoddard pflegen, und Doniphon, der ihn, nicht zum letztenmal, vor Liberty Valance gerettet hat, wird Hallie an Stoddard verlieren.

Doniphon, der Rancher, und Valance, der Bandit, sind die zwei Seiten einer Medaille. Für beide ist der Westen das Land ohne Grenzen, im wörtlichen Sinne: ohne Zäune oder Stacheldraht, der das weite Land parzellieren und zur »Scholle« der Farmer machen wird. Aber auch im übertragenen Sinn: ohne jene Grenzen, die die Gesellschaft, die Recht und Gesetz dem einzelnen ziehen. Noch gilt, daß nur sein Recht bekommen wird, wer es in die eigenen Hände nimmt. Doniphon, wie Valance, hält nichts von Ost-Gesetzen, was er Stoddard sagt und womit er dessen Wutanfall hervorruft: »Sie sagen genau, was Liberty Valance mir gesagt hat.«

An vielen Stellen betont Ford diese Verbundenheit zwischen Doniphon und Valance – wer den einen will, muß den anderen in Kauf nehmen; und wer die Freiheit zum Bösen bestreitet, wird die Freiheit zum Guten vernichten.

»Ransom Stoddard – Anwalt der Rechte« steht auf seinem Holzschild, aber er kann es nirgends anbringen: Ohne Geld, ohne Interesse der Bürger von Shinbone an seinen beruflichen Fähigkeiten arbeitet er in Hallies Restaurant als Tellerwäscher, besessen von dem Gedanken, wie er Liberty Valance mit seiner Waffe, dem Gesetzbuch, beikommen kann. Stoddards Macht beruht auf dem Wort, auf Lesen und Schreiben, auf dem Gesetz, das allmächtig ist, wenn es gilt. Aber hier, im Westen, in dieser Zeit des Umbruchs, ist es ohne Wert. »Sie können lesen und schreiben. Und was nützt es? Sie sind ein Tellerwäscher mit Schürze«, wirft Hallie dem Anwalt einmal an den Kopf. Und als Valance ihn im Lokal demütigt, um ihn zum Kampf zu zwingen, muß Doniphon ihn retten, mit dem Colt. Das treibt Stoddard fast zur

Raserei: daß hier seine Waffe, das Gesetz, ohne Macht ist und den Schutz des feindlichen Prinzips, des Colts, braucht.

Für die verzweifelte Wut Stoddards gibt es aber noch ein anderes Motiv. Auch wenn er ständig das Gesetz als einzige Instanz beschwört, so ist er nicht bereit, als Märtyrer des Rechts zu sterben. Er ist in seiner Männlichkeit gekränkt, und seinem Retter Doniphon schleudert er entgegen: »Ich kämpfe meine Angelegenheiten allein durch.« Letztlich wird er bei diesem Kampf seine Prinzipien verletzen, die Waffe in die Hand nehmen und sich nicht an das halten, was er predigt.

Das Wort ist das Prinzip der Zivilisation, und Zivilisation ist ein Fortschritt. Dies stellt der Film nicht in Frage, aber er wirft ein Zwielicht darauf. Besonders eindringlich in der Szene, als Stoddard Kindern und Erwachsenen Lesen und Schreiben beizubringen versucht. Auf der Tafel des improvisierten Klassenzimmers steht »Education is the basis of law and order«, und die Kinder singen brav: »So lern ich mein ABC, das macht Spaß und tut nicht weh« – freilich in einer so tristen Weise, daß der Text geradezu dementiert wird: Offenbar tut es sehr weh! In dieser Szene erscheint Stoddard unsympathisch, von oben herab, besserwisserisch; Erziehung ist Indoktrination, mehr ein Akt der Repression als der Aufklärung.

Wenn das Wort herrscht, das weiß auch Liberty Valance, ist seine Zeit abgelaufen. Als der *Shinbone Star* Artikel gegen ihn und seine Auftraggeber veröffentlicht, zerstört er die Druckmaschine und bringt den Herausgeber fast um, ihm die Zeitung in den Mund stopfend: »Friß deine eigenen Worte.« Nun, nachdem der Zeitungsmann, sein Bruder im Geiste (und im Worte) fast für ihre gemeinsame Sache – Recht statt Gewalt – gestorben ist, kann und will sich Stoddard nicht mehr der Auseinandersetzung mit Valance entziehen, und zwar nach dessen Regeln, nach West-Gesetzen: mit dem Colt. Zur Überraschung aller stirbt nicht er, sondern der Outlaw. Stoddard ist »der Mann, der Liberty Valance erschoß«, und damit gewinnt er nicht nur Hallie, sondern auch die Aussicht auf eine Karriere, die, neben der des Journalisten, am stärksten vom öffentlichen Wort lebt: die Karriere des Politikers.

Aber als der Territoriumskonvent ihn zum Abgeordneten für den Kongreß in Washington bestimmen will, läuft Stoddard davon. Auf einen Totschlag will er keine Karriere gründen. Tom Doniphon klärt ihn auf: Auf Bitten von Hallie, Stoddard zu schützen, war er zum Showdown geeilt; er hat Valance erschossen: »Es war glatter Mord, aber ich kann trotzdem schlafen. Denken Sie doch mal an Hallie, die hätte sehr um Sie getrauert ... Hallie gehört jetzt Ihnen.«

Wenn Doniphon dies Stoddard erzählt, zeigt Ford in einer Rückblende (in der Rückblende) aus Doniphons Perspektive, wie er Valance erschießt; aus dem Hinterhalt. Hier schneidet die Radikalität des Films ins Fleisch, bricht Ford nicht nur eine Konvention des Genres, sondern geradezu eine heilige Regel: Der mythische Held des Western, John Wayne, kämpft nicht fair; er wird zum Mörder.

Man hat John Ford als Reaktionär bezeichnet, als Ideologen des amerikanischen Traums, und dieser sei nichts als Hybris. Wer Ford so bezichtigt, sollte freilich nicht übersehen, daß dieser Regisseur, wie kein zweiter, die Legenden, die er schuf, befragt und in seinem Spätwerk zersetzt hat.

Tom Doniphon ist der Mann, der Liberty Valance erschossen hat; und mit dem Outlaw hat er einen Teil von sich selber getötet, seinen Schatten. Was immer er tut, er wird Hallie verlieren: an Stoddard, wenn er ihn vor Valance rettet; an Hallies Trauer, wenn der Anwalt stirbt. Hallie ist die Prämie, die der bekommt, dem der Westen gehören wird. Hallie ist der Westen, sein Symbol, und wie der Westen seine grenzenlose Freiheit, seinen schrankenlosen Individualismus eingetauscht hat gegen Recht und Ordnung, so wird Hallie die Sicherheit, die Stoddard ihr bieten kann, der Leidenschaft Doniphons vorziehen.

Aber »verliert« Doniphon die Frau wirklich an den Anwalt? Es stimmt, Doniphon und Stoddard sind Repräsentanten unterschiedlicher Ordnungen, und »Wörter« sind eine höhere Sozialform als »Gewalt«. Dies ist der Prozeß der Zivilisation, und daher muß der Westerner tragisch scheitern. Freilich nicht in dem Sinne, daß er einem übermächtigen Geschick einfach ausgeliefert sei. *Liberty Valance* ist kein Fordsches Remake einer griechischen Tragödie, Tom Doniphon ist eine Figur der Moderne. Nicht der Wille der Götter bestimmt sein Schicksal, sondern seine Persönlichkeit, sein individualistischer Eigensinn, den er sich von der Gesellschaft nicht zähmen lassen will. Dieser Individualismus ist es, der ihn innerlich dafür bereitmacht, auf Hallie zu verzichten. Doniphon verkörpert einen Männertypus, den, nach den Regeln des Genres, Einsamkeit umgibt. Weniger freundlich gesagt: Um Doniphon ist auch ein Moment des Asozialen. Aber warum setzt ihn das, der nach dem Tod von Valance keine imposante Figur bleibt und nur noch betrunken auftritt, in unseren Augen nicht herab? Weil wir uns in seinem Unbehagen in der Kultur spiegeln können?

Senator Stoddards Erzählung ist vorbei, die Rückblende ist zu Ende – aber noch nicht der Film. Wir sind wieder in der Erzählzeit und kennen nun, wie der Redakteur des *Shinbone Star,* die Geschichte des Mannes, der Liberty Valance erschoß, und des Mannes, den man dafür hielt und der auf diesen Ruf eine große politische Karriere gründete. Aber der Redakteur wird diese Sensation nicht veröffentlichen: »This is the West, Sir. When the legend becomes fact, print the legend.«

Diese berühmten Sätze aus *Liberty Valance* haben in der Sache einen Vorläufer, in *Fort Apache* (1948) gibt Ford eine ähnliche Einstellung zu erkennen: Henry Fonda spielt einen Offizier, der General Custer nachempfunden ist; einen negativen Helden, dem John Wayne, sein Untergebener, als Widerpart entgegensteht. Doch nachdem Fonda sein Leben und das seiner Soldaten sinnlos aufs Spiel gesetzt und verloren hat, bekräftigt Wayne vor Presseleuten die erwünschte Legende: die schlichte Lüge über einen Mann, der seinem Regiment Ehre gemacht habe. John Ford hat das später kommentiert: »Es ist gut für das Land, Leute zu haben, zu denen es aufblicken kann. So wie Custer. Ein großer Held. Das war er eben gerade nicht.«

Was hier noch als einfacher Widerspruch stehenbleibt, als Rechtfertigung einer Geschichtsklitterung, ist im Fall von *Liberty Valance* in ein dialektisches Verhältnis getreten: Die historische Wahrheit ist eine Fußnote zur Realität. Für die Realität des Mythos ist es gleichgültig, ob er auf einer »Lüge« aufbaut oder nicht. Dies, diese ganze komplizierte Verschlingung von Wahrheit, Lüge, Legende, Realität zeigt Fords *Liberty Valance* in grandioser Weise.

Hallie und ihr Mann sitzen im Zug, sie verlassen Shinbone. Hallie sagt: »Sieh dir das Land an: Es war einmal eine Wildnis. Jetzt ist es ein Garten. Du kannst stolz darauf sein.« Aber der Senator ist nicht stolz, er fragt zurück: »Hallie, auf Toms Sarg stand eine Kaktusrose, wer hat ihm die gebracht?« »Ich, Ranse.« Der Gegensatz von Ordnung und Freiheit, von Garten und Wildnis wird mit diesen Sätzen in einen letzten Gegensatz überführt, den von Wort und Körper. Als Hallie sich für den Anwalt entschied, für Sicherheit, Ordnung, Gesetz, verzichtete sie auf das, was Tom ihr geboten hätte: Freiheit, Risiko, Leidenschaft.

»When the legend becomes fact, print the legend.« Dieser Satz ist eine Falle, man kann ihn nicht zur Rechtfertigung für nationale Mythenbildung heranziehen, er ist kein Plädoyer für Häuser der Geschichte o. ä. – dieser Satz ist ein höhnisches Orakel: Der Senator, der endlich seine Lebenslüge aufdecken wollte, ist damit gescheitert; er entkommt dieser Lüge nicht, kann sich nicht ehrlich machen. Der letzte Satz des Films gehört dem Zugschaffner, der dem Senator mit den Worten zu Diensten ist: »Nichts ist gut genug für den Mann, der Liberty Valance erschoß.«

Liberty Valance ist ein streng durchkomponierter Film. Die Polarität von Wort und Gewalt ist in einer Präzision und Konsequenz thematisiert, daß eine Analyse dieser Struktur fast den Anschein des Penetranten hervorrufen kann. Aber eben nur die Analyse – der Film selber, wie das große amerikanische Kino überhaupt, verbirgt seine Mathematik im Understatement. Dies ist vielleicht der zentrale Unterschied zwischen europäischem und amerikanischem Film: jener liebt es, seinen Kunstcharakter auszustellen; dieser trachtet ihn zu verbergen. Beispielsweise im Genre, denn, nicht wahr, ein Western kann doch wohl keine Kunst sein (mit der Ausnahme von *High Noon*, der gefiel sogar unseren Deutschlehrern, weil er die Einheit von Ort, Zeit, Handlung so schön bewahrte). Oder wollen Sie ernsthaft einen Film, in dem John Wayne mitspielt, mit den Gipfeln der europäischen Filmkunst vergleichen?

»Mein Name ist John Ford. Ich mache Western.« Auch dieser Satz ist eine Falle, alles andere als bescheiden. Der das sagte, wußte, was er kann: auf offener Bühne das Kunststück zeigen; den Trick dabei erklären; und, während wir noch glauben, aufgeklärt zu werden, sitzen wir schon längst nicht mehr im Kinosaal, sondern sind im Bild verschwunden, wie es uns die Legende vom chinesischen Maler und seinem Bild erzählt hat.

John Fords *Liberty Valance* ist Legendenbildung im dreifachen Sinne: die Legende – die unwahre Geschichte – des Ransom Stoddard als des Mannes, der Liberty Valance erschoß – und der Film schildert, daß ihre Aufklärung die Legende nicht zerstören kann: print the legend. Er zeigt die Legende – das Heldenlied – des Tom Doniphon als des Mannes, der Liberty Valance erschoß – und damit setzt er dem Westerner, dem Verlierer, ein Denkmal: print the legend. Und schließlich ist der Film selber eine Legende – die Geschichte des amerikanischen Westens, und niemand fragt, ob es ihn jemals so gegeben hat, wie die Western, wie John Ford und andere ihn schildern: print the legend.

Liberty Valance ist nicht Fords letzter Western, aber

doch eigentlich der Abschied vom Genre; er ist darüber hinaus sein Abschied vom amerikanischen Traum, vom Idealismus einer jungen Nation, davon, daß Freiheit und Individualismus mit Recht und Ordnung zusammenpassen könnten. *Liberty Valance* ist ein trauriger Film, auch deshalb, weil Ford keine rückwärtsgewandte Utopie präsentiert, die Vergangenheit nicht einfach verklärt und gegen das schlechte Neue ausspielt. Das Neue löst das Alte ab, und das muß so sein; dies wird bilanziert. Daß Demokratie und Freiheit in einen Gegensatz geraten können, weiß Ford, wie es der Amerikareisende Tocqueville wußte. Fords Konservativismus ist einer, der die Sieger der Geschichte befragt nach dem Preis des Fortschritts; und wer ihn bezahlt. Seine Art, Partei für die Verlierer zu ergreifen, ohne die Gewinner schlicht zu denunzieren, ähnelt einem Verfahren, das Walter Benjamin uns nahelegte: »Kleiner methodischer Vorschlag zur kulturgeschichtlichen Dialektik. Es ist sehr leicht, für jede Epoche auf ihren verschiednen ›Gebieten‹ Zweiteilungen nach bestimmten Gesichtspunkten vorzunehmen, dergestalt daß auf der einen Seite der ›fruchtbare‹, ›zukunftsvolle‹, ›lebendige‹, ›positive‹, auf der andern der vergebliche, rückständige, abgestorbene Teil dieser Epoche liegt. Man wird sogar die Konturen dieses positiven Teils nur deutlich zum Vorschein bringen, wenn man ihn gegen den negativen profiliert. Aber jede Negation hat ihren Wert andererseits nur als Fond für die Umrisse des Lebendigen, Positiven. Daher ist es von entscheidender Wichtigkeit, diesem, vorab ausgeschiednen, negativen Teile von neuem eine Teilung zu applizieren, derart, daß, mit einer Verschiebung des Gesichtswinkels (nicht aber der Maßstäbe!) auch in ihm von neuem ein Positives und ein anderes zu Tage tritt als das vorher bezeichnete. Und so weiter in infinitum«.

Abschied vom Western? Aber hat er nicht gerade ein triumphales Comeback gefeiert, hat *Dances With Wolves* nicht 1990 sieben Oscars bekommen, höchst erfolgreich bei Publikum und Kritik? Kevin Costners Film ist in der Tat sehenswert, allein schon wegen der eindrucksvollen

Landschaftsaufnahmen. Und er ist auch ideologisch wohltuend: Die Indianer sind endlich einmal die Guten, die Weißen – Soldaten auch noch – die sehr, sehr Bösen. Statt der amerikanischen Maxime, daß nur ein toter Indianer ein guter Indianer ist, vertritt dieser Film die europäische Ansicht vom edlen Wilden. Und selbst wenn der rote Bruder vielleicht nicht ganz so edel war, wie der Film es uns zeigt, ist dieser Blick doch der weitaus sympathischere und vielleicht auch der historisch richtigere. *Dances With Wolves* ist ein liebevoll gemachter Film mit schönen Bildern, süffiger Musik, guten Schauspielern und einer moralischen Geschichte. Sein Erfolg ist verständlich: Wer schätzte nicht den Film über einen Mann, der Indianern hilft, Frauen respektiert und seinen Hund beziehungsweise Wolf liebt, wie die *New York Times* etwas spitz kommentierte.

Aber im Ernst: Es geht hier nicht um die Frage, ob *Dances With Wolves* überhaupt ein Western ist oder nicht eher ein Öko-Ethno-Film; sondern darum, daß er und sein Held so erbarmungslos nett, so ungeheuer flach sind. Kevin Costner spielt eine Figur, der jede Dimension von Gebrochenheit fehlt. *Dances With Wolves* ist die monumentale Inszenierung der Frage, warum die anderen nicht so sind wie wir, das heißt gut. Insofern ist der Film das Gegenstück zu *Liberty Valance:* Statt vielfach gebrochener, problematischer Figuren tritt uns ein rundum sympathischer Mann entgegen. Über Büchners Frage, was es sei, was in uns lügt, hurt, stiehlt und mordet, könnte er wohl nur verständnislos den Kopf schütteln: in uns? Die Hölle, das sind doch die anderen! *Dances With Wolves* ist zu harmlos, als daß man auf ihn das Genre neu begründen könnte. Er verblaßt vor den Meisterwerken des klassischen Western, und er verschwindet vor der Radikalität und Konsequenz von *Liberty Valance,* John Fords Abschied vom Western, der auch der unsere ist.

Das Kino auf der Insel im Strom

Wenn ich die Augen schließe, sehe ich alles ganz deutlich: in Großaufnahme das weiße Schild mit der Inschrift »Altenwerder Lichtspiele« (oder war es gelb?), dann zoomt die Kamera zurück, wir sehen die Veranda mit dem grünen Eisengeländer, eine kleine Treppe, drei, vier Stufen, führt zu ihr hinauf, der lange Flur, den meine Mutter »Foyer« nennt, rechts ist die Kasse – und an seinem Ende die Doppeltür zum Kinosaal, die Pforte zum Paradies.

Ein anderer Anfang wäre wie bei einem meiner Lieblingsfilme, *It's a Wonderful Life,* so eine Art Vorspiel im Himmel, der Engelsblick von den Sternen auf die Erde, dann stürzt sich die Kamera hinab, man erkennt Europa, Deutschland, Hamburg, die grüne Insel im Strom, dann sieht man das Kinogebäude, und schließlich wieder das Schild »Altenwerder Lichtspiele« in Großaufnahme.

»Kommt näher, Freunde, kommt näher!« Burt Lancaster, der uns zähnebleckend in *Der rote Korsar* zu sich winkt, komisch und beschwörend zugleich, in den Film hinein – und dann springt er von der Rahe hinab auf den Vorschotbaum beziehungsweise Klüverstag, die Musik schmettert los, und wir wollen nie mehr fort: Kommt näher, Freunde!

Jetzt machen wir einen Schnitt: Ein kleiner Junge ist zu sehen, so zehn, zwölf Jahre alt, das bin ich. Tatsächlich bin ich, wenn ich diese Geschichte erzähle, viermal älter, aber wir machen es so wie in *Radio Days,* mal bin ich jung, mal bin ich alt. Im übrigen ist meine Idee natürlich von einem anderen Woody-Allen-Film geklaut, von *Manhattan,* wo Woody mehrfach neu ansetzt zu erklären, warum er seine Stadt so liebt. Es gelingt ihm schließlich, aber nicht mit Worten, sondern mit Bildern und Musik: das nächtliche Yankee Stadion, festlich illuminiert, und dann setzt die wunderbare Gershwin-Musik ein, volles Rohr, »Rhapsody in Blue«, und wir wissen, schwer gerührt, das ist Liebe beziehungsweise Kino: nämlich zu singen, zu tanzen, zu schießen, wenn einem die Worte fehlen. Zu singen wie Marilyn »Diamonds are a girl's best friend«, zu tanzen wie Astaire »Heaven, I'm in heaven«, zu schießen wie John Wayne.

Die Perspektive auf all diesen schönen Unsinn ist die des lieben Gottes, so schräg von oben, weshalb Filme, in denen Engel vorkommen, oft so bezaubern, auch wenn sie gar nicht gut sind, *Here Comes Mr. Jordan* beispielsweise, mit Claude Rains (*Heaven Can Wait* ist das sehr ordentliche Remake, da ist James Mason der Engel); oder *The Night of the Hunter,* dieser merkwürdige, ungeheure Film von Charles Laughton, wo uns Lillian Gish zu Beginn vom Himmel hoch her ins Gewissen redet. Oder diese Anfänge mit einem Globus oder einer Landkarte, und eine Linie zieht sich von Paris nach Marseille, schließlich endet sie in Casablanca, und dann sieht man die Stadt aus der Vogel- oder Engelperspektive – ist das nicht wunderbar?

Alles Kino – und ich schreibe nicht nur *darüber,* sondern mache es darstellungstechnisch *wie* im Kino: Form und Inhalt sind also praktisch identisch! Das ist nicht nur ästhetisch große Klasse, sondern in einem tiefen Sinne wahr, denn damit ist sehr diskret eine andere Identität, die zwischen dem Kino und meinem Leben, angedeutet. Was wäre ich denn ohne das Kino? Jedenfalls nicht hier, und keiner würde mir zuhören, wenn ich jetzt die Szene aus *Die unteren Zehntausend* erzähle, einem eher mittelmäßigen Film, die mich aber immer sehr gerührt hat: Apple Annie, eine versoffene Bettlerin, gespielt von Bette Davis, muß zu einer richtigen Lady umgemodelt werden, das Lebensglück ihrer Tochter hängt davon ab, aber das ist natürlich unmöglich. Und dann gibt es da eben diese Szene – die Schneider, Friseure, Manikuren wanken erschöpft aus der Hotelsuite, es ertönt schöne, geradezu majestätische Musik, und Apple Annie erscheint, jetzt eine so wunderbare alte Dame, eine so damenhafte Dame, daß es kaum zu glauben ist, und sogar Edward Everett Horton guckt noch verdutzter als sonst schon. Aber wir müssen ja unseren Augen trauen, wir *sehen* es ja: Der Geist ward Fleisch beziehungsweise der Wunsch ward Bild. Das ist Kino: Wenn die Wandlung, die Verwandlung stattfindet, auf die wir so dringlich gehofft hatten und die uns das schnöde Leben nie gewährt. Dann müssen wir weinen, aber nicht, weil wir sentimental wären, sondern weil wir in unserer Freude über das Wunder den feinen Schmerz mitfühlen, daß gleich, draußen, wieder die dummen Gesetze der Realität gelten werden. Aber noch sind wir im Kino.

Eigentlich war es ein Tanzsaal. Doch am ersten Weihnachtstag 1945 waren es die Altenwerder Lichtspiele. Ach, wie sich die Menschen freuten! Gezeigt wurde zur Eröffnung *Frauen sind doch bessere Diplomaten* mit Marika Rökk und Willy Fritsch, und hinein durfte nur, wer Heizmaterial mitgebracht hatte: bißchen Koks, paar Briketts, etwas Holz, denn die beiden Kanonenöfen wollten gefüttert werden. Es war das zweite Kino meines Vaters, das erste, die Neuhofer Lichtspiele, war »ausgebombt«, so hieß das damals. Zum Glück waren die Maschinen (Ernemann!) unbeschädigt, ein Teil der Bestuhlung auch, und auf der anderen Seite des Köhlbrands, eines Elbarms, in Altenwerder eben, stand der Tanzsaal von Alma Stehr leer. Und so zog Kurt, das ist mein Vater (was Namen angeht, war er nicht sonderlich innovativ) mit Sack und Pack und Frau (Centa) und Kind (das ist Günter, mein sieben Jahre älterer Bruder) auf diese Elbinsel.

Einige Informationen über Altenwerder – bitte sitzen bleiben, es dauert nicht lange! Eine Insel also, und der Name bedeutet: Altes Werder, wobei Werder nun wiederum Warft bedeutet. Warften, das sind diese künstlichen Hügel auf den Halligen oder im Marschland, auf die man dann ein Haus setzt. Später wird dann eingedeicht, daß der Blanke Hans kein Unheil anrichten kann. Bitte niemals Altenwerder mit Finkenwerder verwechseln, der Nachbarinsel, der es gelungen ist, uns das Erstgeburtsrecht, wie ja schon aus unserem Namen ersichtlich, abzugaunern, und deswegen heißt es ungerechter- und ärgerlicherweise auf den Speisekarten nicht »Altenwerder«, sondern »Finkenwerder Ewerscholle«.

Eine richtige Insel: Nach Hamburg fährt man mit dem Schiff, zuerst den Köhlbrand hoch, dann rechts in die (Norder-)Elbe bis Landungsbrücken. Richtung Harburg gibt es eine Brücke über die Süderelbe. Ein Dorf, etwa zweitausend Einwohner: Bauern, Fischer, Hafen- und Werftarbeiter. Die Bauern und Fischer leben seit Jahrhunderten hier, sind wohlhabend und zu Fremden, Zugereisten, ziemlich von oben herab: »Butenlanners«. Man spricht Platt.

Aber »de Kinokerl« war ihnen willkommen, es gab doch sonst nichts, vergnügungs- beziehungsweise kulturmäßig! Und so kriegte er »in der schlechten Zeit« von den Fischern und Bauern gelegentlich ein paar Räucheraale oder bißchen Grünkohl, wenn sie unbedingt Karten wollten: Das war eine schöne Zeit! »De Kinokerl« machte die Honneurs, Centa saß an der Kasse, Frau Kühl war die Kartenabreißerin, Herr Klever der Vorführer. Und das Kino war immer voll!

1948 trete ich auf den Plan, vor der Währungsreform, weshalb es vierzig Mark Kopfgeld für mich gibt, ist das nicht doppelt schön! Wenn ich sage, ich sei im Kino geboren, ist das nur ein bißchen übertrieben: Meine ersten Filme habe ich mit drei, vier Jahren gesehen, und es war von Anfang an mein Glück (meinem Bruder wurde immer schlecht im Kino, was mir naturgemäß viel Freude bereitete).

Sonntag, dreizehn Uhr, Große Kindervorstellung. »Schön zu zweit aufstellen!« ruft mein Vater. Brav fassen sich die Kinder, das »Foyer« ist proppevoll, an den Händen, und dann gehen sie durch die von Kurt und Frau Kühl – »Nicht drängeln!« – bewachte Tür hinein, und sofort fällt alle Gesittung ab von ihnen, es wird gerannt und getobt auf der Jagd nach den besten Plätzen. Aber die allerbesten sind schon belegt, von mir und meinen Freunden. Ich darf nämlich, die neidischen Blicke genießend, als erster hinein mit meiner Entourage. Gemächlich spazieren wir zur vordersten Reihe, mein Platz ist der genau in der Mitte.

Das Kino also als Dispositiv der Macht im Sinne Foucaults! Will sagen: Natürlich ist es nicht *nur* mein gutartiger Charakter, mein scharfer Intellekt, mein gefälliges Äußeres, was mich allseits so beliebt macht, schon damals. Meine Kinomacht, ich will das gar nicht ausschließen, mag auch eine gewisse Rolle gespielt haben, aber ja! Im Kino war ich glücklich, zuerst die Märchenfilme, dann Fuzzy, Dick & Doof, Pat & Patachon (wer ist wer? Meine Eselsbrücke lautete: der Lange mit dem kurzen Namen, der Kurze mit dem langen Namen), Abbott & Costello... Aber auch außerhalb des Kinos war es mein Schutz und Schirm, denn ich hatte die Lizenz zum (umsonst) Mitnehmen. Gott, war ich beliebt! Denn ich verfügte ja auch noch über fast unerschöpfliche Süßwarenressourcen: die sog. Pfennigartikel (Dauerlutscher, Gummibärchen), die zur Kindervorstellung stückweise verkauft wurden; Mamba-Weichgummi – Maoam kannst du dagegen vergessen; Storck-Bonbons; Cadbury- und Mackintosh-Schokolade; Sprengel-Weinbrandbohnen – wer von den Erwachsenen die kaufte, zog ein Gesicht, als hätte er »Schampus für alle« geordert. Später dann Mars und Bounty und Langnese-Eiskrem. Drei, vier Nogger am Tag waren im Sommer so mein Satz, ich habe mich in meiner Jugend wirklich ausgetobt, und so bin ich auch heute ein eher weiser und mäßiger Süßigkeitenesser.

Wie gesagt: Der fast freie Zugang zu Naschereien, die ich dann freigebig verteilte, war sicher auch nicht von Nachteil, meinen Status in der Peer-group betreffend. Um so schrecklicher die Erfahrung, als mein bester Freund Walla Wulf, er war fünf Jahre älter als ich, und ich verehrte und liebte ihn, weil er – anders als mein problematischer Bruder – mich Buttje ernst nahm und zu allen konspirativen Treffen und Schandtaten mitgehen ließ, als also Walla erklärte, er habe keine Lust mehr, in die Kindervorstellung mitzukommen. Ich verstand das nicht. Wie kann man keine Lust haben, Geburtstag zu feiern? Und es ist doch umsonst! Trotzdem, er habe einfach keine Lust mehr, und wir würden uns auch sonst weniger sehen.

Es brach mir das Herz. Später habe ich dann erfahren, daß Mädchen dahintersteckten, mit denen er und andere Fünfzehnjährige rumzogen. Fragt mich nicht, was die aneinander fanden. Aber so ist das eben: Wenn Mädchen auftauchen, ist jede wirkliche Freundschaft gefährdet, das ist jedenfalls meine Erfahrung. Nicht, daß ich etwas gegen Mädchen hatte! Einige meiner besten Freundinnen waren Mädchen, ich spielte gerne mit Karin Fahje, und wenn die Erwachsenen etwas schmierig fragten »Na Kuert, häs all ne Fründin?«, dann sagte ich: »Jo, Karin Fahsche«.

Aber das wahre Leben außerhalb des Kinos fand doch unter Männern statt, beim Bolzen, beim Kaboy-Spielen, beim Äpfelklauen, beim Angeln und Schwimmen in Flüssen und Seen. Die Obsthöfe, das Viehzeug, die Pferde, auf denen wir reiten durften, die Wiesen und Gräben, die Blumen und Pflanzen und Vögel – die Natur, klar, war uns wurscht, aber für Kinder war das schon ein ziemlich verschärfter Abenteuerspielplatz.

Zurück zum Kino! Diese Kränkung, als Walla Wulf mich verließ, hat tief getroffen. Ein anderer Absturz war fast noch schlimmer: Es war wohl ein Schorcht-Märchenfilm, ich war vielleicht sechs Jahre alt, und wir langweilten uns ein bißchen, Märchen waren doch etwas für kleine Kinder! »Soll ich auf die Bühne gehen?« ritt mich der Teufel. Das traust du dich doch nie, war Wallas Antwort. Die Bühne war etwa einen Meter hoch, das schaffte ich leicht, und dann stehe ich da im Projektionslicht und bin geblendet, und ich tanze und mache Faxen, und das ganze Kino tobt vor Begeisterung, ich bin »on top of the world« – und dann packt mich eine Hand am

Ohr und zieht mich von der Bühne, das ist Frau Kühl, und sie setzt mich auf die Straße, und ich weine und weiß, daß jeder meine Schande gesehen hat und ich sterben muß, immer wird man von nun an mit dem Finger auf mich zeigen.

Auf dem Höhepunkt, umjubelt von den Massen – der Absturz ins Nichts. Diese schmerzliche Erfahrung, die ich, so früh schon!, machen mußte, hat sicher dazu beigetragen, daß ich ein sehr bescheidener und zurückhaltender Mensch geworden bin, der eher dazu neigt, sein Licht unter den Scheffel zu stellen. Meine Kinoprivilegien, ich habe es nicht verhohlen, waren für meinen sozialen Status in Altenwerder durchaus wichtig, aber auch ohne sie war ich wer, beispielsweise der Mittelläufer in der ersten (es gab nur eine) Knabenmannschaft des F.T.S.V. Altenwerder. Mittelläufer, das war praktisch die Urform des – Liberos... Unsere Hymne ging so: »Wer wird Deutscher Mei-eister? Das weiß ich ganz genau: F.T.S.V. wird Deutscher Mei-eister, und nicht der HSV!«

Außerdem war ich ziemlich stark, und wenn mich die Wut überkam, mußten sich auch Größere in acht nehmen. Destry aus *Der große Bluff* war das Vorbild. Er ist der Sohn vom alten Destry, der ein berühmter Marshall gewesen ist, und der kleine Destry, Jimmy Stewart, soll nun in dem Verbrechernest Bottle Neck aufräumen. Als er mit der Postkutsche ankommt, lachen alle über ihn, denn er sieht aus wie ein Stutzer und Stadtfrack und trägt nicht einmal Pistolen. Und dann gibt Frenchy, das ist Marlene Dietrich, ihm auch noch Eimer und Schrubber und sagt: Dann räum doch mal die Stadt auf! Destry grinst so, läßt sich verarschen, es ist kaum zu ertragen: ein pazifistischer Sheriff, gräßlich! Aber dann ist irgendwann Schluß mit lustig, die Gauner sind einfach zu böse, Destry legt die berühmten Revolver seines Vaters an und macht alle nieder; in die für Jimmy bestimmte Kugel wirft sich Frenchy und stirbt. Das geht leider nicht anders, denn sie ist Saloon-Sängerin (»Go see, what the boys in the backroom will have«) und Freundin des Oberbösewichts – nur Lehrerinnen können im Western geheiratet werden, das hatten wir bald spitz gekriegt –, und bevor Jimmy sie küßt, wischt sie sich mit letzter Kraft den Lippenstift ab, Schminke ist irgendwie doof, findet Destry, aber auch wir anderen kleinen Jungs sehen das so.

Frauen müssen schon sein im Western, klar, aber wenn sie dann sterben, ist es auch sehr schön: Durch die Trauer wird ein Mann innerlich reifer. Ohne Liebesgeschichte ging es offenbar nicht, aber vor allem Kußszenen waren in der Kindervorstellung äußerst unbeliebt und wurden mit dem höhnischen Zuruf »Halbzeit« kommentiert, was bedeutete, daß jetzt nichts los sei und man getrost pinkeln gehen könne. Auch wenn gesungen und getanzt wurde, die Hupfdohlen im Saloon mit dem Hintern wackelten – alles, was ich heute so liebe –, das ging uns damals, um im Bild zu bleiben, ziemlich am Arsch vorbei. Wir wollten Äktschen, Schießen, Prügeln, Lachen.

James Stewart und John Wayne, das waren meine beiden Abgötter (wieso Ab?: Götter!). An Stewart gefiel mir, daß er es, genau wie ich, erst einmal im guten versuchte. Aber die Trottel merken nicht, wer er ist, halten ihn wirklich für einen Feigling, und Jimmy kocht, und wir kochen, und dann reißt uns die Hutschnur, wie in *Meuterei am Schlangenfluß,* wenn aus Jimmy, der doch nun wirklich ein gutes, friedliebendes Mitglied der bürgerlichen Gesellschaft werden will, wieder der Wutkopf und Rächer hervorbricht, der das Böse in Gestalt von Arthur Kennedy und seinen Underlings vernichtet.

John Wayne war noch großartiger, so groß und unbesiegbar, daß ich ihn bewundern, mich aber nicht richtig mit ihm identifizieren konnte. Wenn am Anfang von *Red River* diese beiden Mexikaner ihn von seinem Land vertreiben wollen und er sich geradezu aufreizend ruhig in Schießposition stellt, diese absolute Sicherheit – das war mir, wie ich fand, selbstkritisch schon damals, eine Nummer zu groß. Um so schöner, wenn er in seinen besten Filmen dann doch Fehler hat, menschlich und verletzlich ist, in *The Searchers* oder *Der Mann, der Liberty Valance erschoß,* dem für mich wichtigsten Western, nicht nur, weil dort beide Helden meiner Kindheit mitspielen, sondern weil Wayne den Bösewicht erschießt – aus dem Hinterhalt. Damit war die Unschuld des Western für mich zerstört, also meine Kindheit – ich war ja auch schon vierzehn – beendet, und ich beschloß, Erwachsener zu werden.

Der Western, fürchte ich, hat mein Weltbild stark geprägt: Man muß geduldig und freundlich sein, und dann muß man sie erschießen. Keine Gewalt, keine Lynchjustiz – ein fairer Prozeß vor einem ordentlichen Gericht, und dann aufhängen. Oder der andere Spruch, der mir bedauerlicherweise immer noch gefällt: Dies ist ein freies Land, erschieß, wen du willst, aber tue es nicht mit Haß im Herzen.

Klassisches Schwarzweißdenken also! Dabei wissen wir doch, daß es Gut und Böse in reiner Form gar nicht gibt, sondern nur unterschiedliche Grautöne! Aber die Kaboy-Filme, sie sind nicht so. Schon Fuzzy hat wohl in meiner reinen Kinderseele diesen schlimmen Prozeß der Entsublimierung initiiert: Die Guten tragen weiße, die Bösen schwarze Hüte – wenn es denn so einfach wäre im wirklichen Leben! Im Kino aber ist es so, und wir lieben Fuzzy, dieses kleine, komische Männchen. Daß immer dieselben Räuberpistolen erzählt werden, stört uns nicht. Immer dieselbe Saloonschlägerei, dieselbe Verfolgungsjagd zu Pferde, meistens wird sie in einem Film, der sowieso nur sechzig, siebzig Minuten dauert, zweimal gezeigt, was sogar uns Kindern auffällt, aber komischerweise nicht mißfällt: Offenbar freuen wir uns auf die Wiederkehr des Immergleichen und vertreten die Ansicht, das Wort und das Bild sie sollen lassen stahn und nicht daran herumfummeln.

Genauso schön wie Western sind Ritterfilme, denn in jedem kleinen Jungen steckt nicht nur ein Destry, verkannt und verlacht, bis er dann alle niedermacht, sondern auch ein Ritter beziehungsweise heimlicher Königssohn. Deshalb läßt es mich auch ziemlich kalt, daß die Frau, die sich als meine Mutter ausgibt, mich des Bettlakendiebstahls bezichtigt und nicht begreifen will, daß ein Prinz einen Umhang braucht. Ich weiß ja, daß der Tag kommen wird, an dem ich, wie Tony Curtis in *Der eiserne Ritter von Falworth,* in meine mir zustehenden Rechte eingesetzt werde. Dieser schimpfenden Frau, alles in allem eine ordentliche Pflegemutter, werde ich dann großmütig verzeihen und sogar eine ordentliche Rente aussetzen.

Tony Curtis ist auch deshalb ein geeignetes Vorbild, als er ungefähr so aussieht, wie ich einmal auszusehen gedenke. Und weil er, trotz edler Abkunft (wie ich), das Rittertum von der Pike auf erlernen muß (eine gute Ausbildung, sagt auch meine Pflegemutter, hat noch niemandem geschadet): Kämpfen mit Schwert, Streitaxt, Morgenstern; Bogenschießen, Lanzenstechen – üben bis zum Umfallen.

Doch auch die feinere Lebensart, im Hinblick auf Karin Fahje womöglich von Belang, kommt nicht zu kurz: als Page in diesen süßen, engen Strumpfhosen; elegante Tischmanieren (rechts das Messer, links die Gabel) und den Mundschenk machen; den Damen gegenüber höflich und nimmermüd zu Diensten sein; schließlich Zierlichkeit und Grandezza in Wort und Schrift, bei Spiel und Tanz: praktisch die allseitig gebildete ritterliche Persönlichkeit.

Oder bin ich doch eher Prinz Eisenherz? In den hatte ich mich schon bei der Comiclektüre vergafft. Und nun der junge Robert Wagner, der pfeilgrad den Bildern von Hal Foster entstiegen ist, bis ins Detail: zum Beispiel, wenn Eisenherz vor dem Schwarzen Ritter – James Mason, der eindrucksvollste, finsterste, melancholischste Tafelritterunhold aller Zeiten – flieht, vom Baum in den Teich springt und ein Schilfrohr abschneidet, durch das er dann unter Wasser Luft holen kann – man lernt auch soviel im Kino, fürs Leben, praktische Sachen eben!

Oder wenn Eisenherz, schwer verwundet, aufwacht und das Gesicht von Janet Leigh über sich sieht. Der

Kronleuchter umstrahlt ihr blondes Haar wie ein Heiligenschein, und Eisenherz fragt: »Bin ich im Himmel?« Da müssen wir lachen und können gerade noch unsere Rührung wegdrücken. Schließlich der Schlußkampf, das Gottesurteil im Tafelrundensaal, Eisenherz und Mordred gehen mit Zweihändern aufeinander los, die Fetzen fliegen, alles wird zerdeppert, und dazu diese wunderbare Musik.

Ivanhoe, Lanzelot, Robin Hood; und Zorro – Tyrone Power tut so, als sei er ein Angsthase und Weichling, aber das ist nur Tarnung, in Wirklichkeit ist er der maskierte Rächer und Held. Und deshalb stibitze ich meiner Mutter den Sombrero und die schwarze Maske ihres Faschingskostüms (»feurige Spanierin«) und springe rächend und Schrecken verbreitend durch die Obstgärten – und finde mich blutend auf dem Boden der Tatsachen wieder, denn ich bin mit dem Kopf gegen einen Stacheldraht gerannt, den ich vor Begeisterung und wegen der Maske nicht gesehen habe. Wer mir also mit klugscheißerischen Hinweisen auf den Eskapismus des Kinos kommt, dem kann ich nur sagen: keine Sorge, die Realität ist immer schon da und freut sich geradezu diebisch, kleinen Jungs schmerzhaft zu zeigen, wer der Bartel ist. On the contrary – ins Kino gehen wir ja, weil wir mal für neunzig Minuten die Realität schwänzen wollen.

Der Blick durch ein Fernrohr aufs Meer; rechts ein Felsenriff, und dann segelt dahinter ein Schiff hervor, ganz langsam, und das Herz möchte einem zerspringen. (Wenn die Bounty, nach der Meuterei, Tahiti für immer verläßt, ist das auch so ein Bild, von rechts nach links, die ganze Cinemascopebreite aussegelnd, endlos schön und endlos traurig.) So beginnt *Die Piratenkönigin,* ein erstaunlicher Film, der erste und beinahe einzige dieses Genres, in dem eine Frau, Jean Peters, die Hauptrolle spielt. Daher geht es auch nicht gut aus, der doofe Louis Jourdan, ein affiger Schönling, verliebt sich nicht in sie, sondern, sozusagen, in die Lehrerin! Aber was ist von einem Franzosen auch zu erwarten, in einem Hollywoodfilm. Da waren Erroll Flynn als Captain Blood und Tyrone Power in *The Black Swan* schon von anderem Kaliber. Von letzterem habe ich auch gelernt, daß man sogar Maureen O'Hara, die nun wirklich kratzbürstig ist, herumkriegt, wenn man zäh bleibt. Am Schluß, wie von ihm prophezeit, muß sie dreimal zärtlich »Jamie-boy« zu ihm sagen, bevor sie ihn küssen darf (»Halbzeit!«) – Karin Fahje standen nun harte Zeiten bevor...

Ich will auf folgendes hinaus: Wenn man das Kino liebt, rennt man vielleicht manchmal gegen einen Draht, und das tut weh. Aber wie oft hat mich das Kino beschwingt und gestärkt und erhoben! Damals, Anfang der Achtziger, als ich nachts in der U-Bahn saß und die drei bierdosentrinkenden Unholde mich anmachen wollten, da pochte das kleine Hasenherz, und ich fragte mich, was hätte John Wayne jetzt getan? Und siehe, alles Zögern und Zaudern fiel ab von mir, und mein Gesicht wurde hart, und die drei verpißten sich, als ich ihnen anheimstellte, eine volle Flasche Wein auf den Detz zu kriegen. (Seitdem trage ich immer eine Weinflasche mit mir herum.) Oder damals, als ich einen Jungen aus dem Eis des Tegeler Sees rettete, unter Lebensgefahr, wie ich urkundlich bezeugen kann, aber darüber will ich nichts weiter sagen, bin ja kein Angeber... Von John Wayne, vom Kino lernen, heißt siegen lernen!

Die allergrößte Begeisterung und Verzauberung rufen aber die Zeichentrickfilme hervor. *Bambi* und *Dumbo* sind schon recht, aber die kurzen Funnies, Donald Duck und Tom & Jerry, sind die Sternstunden. Das ist so komisch! Die Kleinen gewinnen immer, und wenn Tom dann senkrecht in die Luft geht, sich dort, wild rudernd, einen Moment auch hält – und dann abstürzt: irre lustig! Irgendwie ist auch gar nicht zu verstehen, daß es diese Filme überhaupt gibt, wie sie gemacht werden; echte Zauberei. Walla Wulf sagt kennerisch: alles Trick. Nunja, durchaus. Aber trotzdem. Daß im Kino viel getrickst werde, so Walla, sehe man auch daran, daß sich bei Verfolgungen die Räder der Postkutschen plötzlich *rückwarts* drehen – das stimmt, aber was soll das? Trick eben, lacht Walla. Ein Lehrer namens Goldammer (!) erzählt uns dann auch noch, daß sich die Schauspieler nicht richtig küssen, und bei Schlägereien würden sie danebenhauen – was Lehrer eben so reden. Aber dennoch stürzten mich diese Mutmaßungen in tiefe Zweifel über die ontologische Struktur der Bedingungen unserer Wahrnehmung, analog zu Kleists Kantkrise könnte man von meiner Walla-Krise sprechen; platt gesagt, fragte ich mich: Wie wirklich ist die Wirklichkeit beziehungsweise das Kino?

Soweit die Kindervorstellung. Ab Mitte der fünfziger Jahre durfte ich dann auch die Nachmittagsvorstellung am Sonntag sehen. Viel Heimatfilme, *Grün ist die Heide, Der Förster vom Silberwald, Hohe Tannen* – der war so schlecht, daß sich sogar die Eltern schämten, aber das Publikum schluckte es, es gab ja sonst nichts! Musik- oder Schlagerfilm, mit Marika Rökk *Nachts im Grünen Kakadu* (über die Walla die These aufstellte, sie würde nicht selber singen, denn es sei unmöglich, gleichzeitig zu singen und zu tanzen: Trick!) oder Caterina Valente und Peter Alexander in *Liebe, Tanz und tausend Schlager*, später machen dann Conny und Peter Musik, Bibi Johns und Vivi Bach kommen hinzu, von Ausländerfeindlichkeit kann keine Rede sein, Jan und Kjeld dürfen sich hier tummeln und sogar – Silvio Francesco.

Heinz Rühmann – mit Ausnahme von *Charleys Tante* – und Hans Albers kommen komischerweise in Altenwerder nicht so gut an, *Die Zürcher Verlobung* ist zu highbrow, *Das Wirtshaus im Spessart* dagegen ein Hammer. Von *Wir Wunderkinder* kann ich immer noch die halben Lieder auswendig, »Armer Staat bittet um 'ne milde Gabe, denn die Panzer für die Landser und Patronen für Kanonen kosten Geld«, oder »Jetzt kommt das Wirtschaftswunder, der deutsche Bauch wird runder, jetzt schmeckt das Eisbein in Aspik: Ist ja kein Wunder nach dem verlorenen Krieg«.

Die Mädels vom Immenhof – zwischen Karin Fahje und mir hatte es schon lange gekriselt, aber jetzt wußte ich: Angelika Meissner oder keine. Beziehungsweise

Marion Michael, *Liane – das Mädchen aus dem Urwald,* die mich dann schließlich zum Mann gemacht hat... Noch lieber mochte ich nur Joachim Hansen, *Der Stern von Afrika,* den großen Jagdflieger, endlich einmal ein Deutscher, der mindestens so gut wie die Amis und Tommys war – wenn die blöden Nazis nicht gewesen wären, hätten wir den Krieg gewinnen können!

Ich war jetzt auch befördert worden, vom einfachen Kinogeher zum Kartenabreißer, und ich durfte, nun in der letzten Reihe sitzend, den Ton regeln. Das war sehr schön, aber damit stand ich endgültig auf seiten der Obrigkeit, entfremdete mich immer mehr von meinen Altersgenossen, die ja ins Kino gingen, um Spaß zu haben und Radau zu machen. Wenn sie es gar zu toll trieben, das ging über Grölen und Stören hinaus und grenzte an Vandalismus, holte ich meinen Vater, dessen drohende Nachfrage »Wer lacht denn hier so unbeholfen?« meist genügte, um die Ruhe wieder herzustellen. Aber wenn die »Halbstarken« angetrunken waren, mußte er sie hinausschmeißen, »achtkantig«, wie er zu sagen pflegte, worauf diese »Di verklog ick, Kinokerl« grölten, sich aber brav trollten. Eine Woche später kamen sie demütig angeschlichen und fragten, ob denn das Hausverbot nicht aufgehoben werden könne, »ick will ok ganz ruhig sin«.

Ende der fünfziger Jahre war es nicht mehr so lustig mit dem Kinogeschäft. Zuerst hatten die Wirtshäuser Fernseher, und bei Fußballübertragungen war es dort rammelvoll, das Kino aber grämte sich. Herrn Klever konnten wir uns nicht mehr leisten, mein Vater war jetzt der Vorführer – am Anfang war das nicht so doll, beim Umschalten zwischen den (in der Regel fünf) »Akten« eines Films gab es immer mal wieder eine Unterbrechung, und dann tobte der Saal: »He slöpt all wedder!« Einige Dörfler hatten jetzt auch ein Auto, mit dem fuhren sie nach Hamburg in die »Erstaufführungstheater«, »dat duert jo noch Weeken, bit dat de Film no Oolwarder kummt«, wie sie meinem Vater bedauernd mitzuteilen nicht versäumten.

Der Hauptfeind war zweifellos das Fernsehen. Die Kindervorstellung war immer noch voll, aber bei fünfzig Pfennig Eintritt und dreihundert Plätzen wurde man dadurch nicht reich. Gut besucht war auch die Vorstellung um 17 Uhr am Sonntag, da kam das Jungvolk zum Knutschen. Aber in der täglichen 20-Uhr-Vorstellung sah es trübe aus, oft nur zehn, fünfzehn Besucher. Die Eintrittspreise – zu Anfang 95 Pfennig, 1,20 und 1,50 Mark – blieben bis zum Schluß unter zwei Mark. Mit den Süßwaren und vor allem dem Eisverkauf am Sonntagmittag verdienten wir fast mehr als mit dem Eintrittsgeld. Aber auch das blieb nicht so, hatten doch immer mehr Leute einen Eisschrank mit Tiefkühlfach und waren auf uns nicht angewiesen.

Die Altenwerder Lichtspiele waren mittlerweile ein nettes, kleines Vorortkino, ein Drittel bequeme Polstersitze, zwei Drittel Holzklasse. Die Wände waren, zur Verbesserung des Tons, mit einem Spezialstoff bespannt worden. Natürlich Zentralheizung und sehr ordentliche Siemens-Maschinen, mit altmodischen Kohlenbogenlampen, aber die gaben ein viel schöneres, wärmeres Licht als die ersten Xenon-Lampen, die dafür jedoch praktisch wartungsfrei waren.

Ich lernte Vorführen. Den Ton zu regeln, war auf die Dauer langweilig. Außerdem war es etwas ungemütlich, wie gesagt, im Saal als Teil des Repressionsapparates angesehen zu werden. Spaß hatte es mir bei den Beatles-Filmen gemacht: volles Haus, und immer, wenn das Volk zu toben anfing und den Rhythmus der Musik mittrampelte, drehte ich langsam, ganz langsam, den Ton zurück, und dann brach Protestgebrüll aus: »Mook luuder!«, und langsam, ganz langsam, drehte ich wieder auf. Intelligenz besiegt rohe Gewalt, aber meine Beliebtheit hatte damit einen historischen Tiefpunkt erreicht. Ich wechselte also gerne in den Vorführraum.

Die Karl-May-Filme Anfang der sechziger Jahre waren glücklicherweise eine sichere Bank, aber doch etwas verächtlich: »Die Amis können einfach besser vom Pferd fallen«, klagte mein Vater. Nicht ganz so deprimierend die Edgar-Wallace-Filme, obwohl noch schrottiger, jedoch niemand nahm sie ernst; sogar in Altenwerder wurden sie als camp goutiert. Wenn zu Beginn das MG rattert, die Leinwand sich blutrot einfärbt, und dann diese Stimme ertönt: »Hállo, hier schpricht Edgar Wolleß«, gefolgt von dem höllischen Gelächter, dann durfte man einen ehrlichen Beschiß erwarten. Aber selbst dieses letzte Aufgebot deutscher Filmkunst (Fuchsberger und Drache, Schürenberg, Eddi Arent und Kinski, Karin Dor, Barbara Rütting und La Flickenschildt unter der Regie von Reinl und Vohrer in Tateinheit mit dem Produzenten Horst Wendlandt) konnte das Blatt nicht wenden. Und als Kluge und Fassbinder, Godard und Straub/Huillet dann endlich ihre Triumphe feierten, war es für uns bereits zu spät...

Den Rest, und jetzt kommt wieder Lokalkolorit ins Spiel, hatte uns 1962 die Hamburger Flutkatastrophe gegeben, dreihundert Tote. In Altenwerder war zwar niemand ertrunken, aber die Insel war total abgesoffen, das Kino monatelang geschlossen, und danach wurden ganze Siedlungen des Umlandes, wo Prolos und daher gute Kinogeher wohnten, planiert. Mein Vater nahm seinen alten Beruf als Elektriker wieder auf, ausgerechnet in Finkenwerder!, und machte das Kino nebenher. Ich konnte ja vorführen, und die schwierigen Verhandlungen, die es früher mit den Filmvertretern gegeben hatte – Gloria, Constantin (»Was Constantin bringt, kommt an!« hieß der Slogan), MGM, United Artists, Warner Bros., Universal – fielen nun fort, es lohnte sich nicht mehr für sie, wir konnten die Filme telefonisch ordern.

Jetzt war ich »de Kinokerl«. Wir zeigten immer noch vier Filme pro Woche: Montag und Dienstag, Mittwoch und Donnerstag, Freitag bis Sonntag, außerdem die Kindervorstellung. Die Filme kamen per Schiff aus Hamburg, an der Altenwerder Anlegestelle holte ich sie ab, schleppte die »Kolli« zu meinem Moped (Zündapp KS 50 Super), verstaute sie auf dem kleinen Anhänger und fuhr ins Kino. Dort wurde der Film auf fünf Spulen überspielt, »fertiggemacht«. Wochenschau und Kulturfilm gab es schon lange nicht mehr, aber die wenigen Werbefilme und die Trailer wurden zusammengeklebt und kamen auf eine Spule, damit man nicht soviel umschalten mußte.

Oft machten meine Mutter und ich die Vorstellung nun alleine: sie an der Kasse, ich als Vorführer. (Jetzt würde ich gerne erklären, was der Terminus »Karten machen« bedeutet, aber Centa hat es verboten.) Pünktlich um acht verdunkle ich halb, der Vorhang (aus blauer Fallschirmseide) öffnet sich, zu Plattenmusik gibt es jetzt eine kurze Dia-Werbung, »Schuhhaus Schleicher, das Schuhhaus am Hafen«. Dann zünde ich die Bogenlampen der rechten Maschine, per Hand drehe ich die Kurbel, drücke den Startknopf, drehe das Saallicht ganz aus, ziehe die Fensterklappe, wenn dort das erste Bild erscheint, auf: Und schön wie am ersten Tag wiederholt sich das Wunder, und die Bilder flimmern auf der Leinwand.

Nun mache ich die linke Maschine startklar, dort beginnt der Hauptfilm, in Cinemascope, weshalb ich eine zusätzliche Linse (Anamorphot) installiere. Gleich sind die Trailer vorbei, jetzt ziehe ich den schwarzen Samtvorhang, der die Leinwand seitlich begrenzt, per Hand auf, denn der Film ist ja in Breitwand. Maschine zwei rechtzeitig anschmeißen, überblenden: perfekt!

Ich hole mir ein Bier aus dem Kassenraum – in der Vorführkabine ist es warm wegen der Bogenlampen; das sind ja Graphitstäbe, die regelrecht abbrennen und dabei eine ziemliche Hitze entwickeln. Es ist zwanzig nach acht, vierzehn Besucher, oh je, Centa geht nun nach Hause. Die Bogenlampen müssen fortlaufend reguliert werden, das soll eigentlich ein automatisches »Nachstellwerk« besorgen, aber meine Hand ist feiner. Der alte Kinokerl-Spruch lautet: Gut Licht, gut Ton und volle Kassen, aber auch wenn letzteres nicht zutrifft, so lasse ich doch auf meine Vorführerehre nichts kommen.

Der zweite Akt muß in die rechte Maschine eingelegt werden – sind die Graphitstäbe noch lang genug für die zwanzig Minuten Laufzeit? Zwischendurch in den Saal

– stimmt der Ton? Heutzutage wird ein Film auf eine riesige Spule gelegt, Xenon-Licht muß nicht reguliert werden: Das kann jeder Depp. Aber die Kohlenlampen-Fuzzis, das waren noch Kerle...

Manchmal besuchen mich Schulkollegen und Innen, die steuern dann den Ton, meistens aber lungern sie im Vorführraum herum, wir rauchen und machen noch zwei, drei Granaten Astra-Bier auf, es ist recht fidel und gemütlich. Der Projektionist aber muß immer auf der Wacht sein! Gleich wird umgeschaltet, beim ersten grünen Punkt rechts im Bild wird die andere Maschine angefahren, beim zweiten überblendet.

Gegen zehn ist die Vorstellung aus, die Besucher sind gegangen, nun muß ich noch das Pack loswerden – wer will noch ein Astra? War wieder ein schöner Abend; wäre noch schöner gewesen, wenn ein paar mehr Leute gekommen wären. Die Unkosten bleiben ja, Strom, Heizung. Dreißig bis vierzig Prozent der Einnahmen müssen an den Verleih abgeführt werden. Und es ist ja nicht nur das Filmholen und Fertigmachen, das tägliche Vorführen: Im Winter die Schaukästen auswechseln, wir haben vier im Umland, mit klammen Fingern Plakate ankleben, also ich weiß nicht...

Am 25. Juni 1967 war dann Schluß. In den Monaten davor habe ich mir manchmal nachmittags Filme vorgeführt, für mich ganz alleine, und den Ton mit meinem Band aufgenommen. Das war unheimlich, in dem leeren Kino. Obwohl ich damals viel knipste, habe ich das Kino komischerweise nicht dokumentiert. Es gibt tatsächlich kein einziges Foto der Altenwerder Lichtspiele, weder von innen noch von außen. Aber kann man das Paradies überhaupt fotografieren?

Als das Kino geschlossen wurde, war ich eigentlich nicht traurig, das kam erst später, ich fühlte mich eher befreit. So ein kleines, schlechtgehendes Geschäft, das ist auch ziemlich demütigend auf Dauer. In *The Last Picture Show* zeigt Sam, der Löwe, als letzten Film *Red River:* »Führ sie nach Missourie, Matt!« ruft John Wayne, und dann schreien und jodeln die Cowboys, der Viehtreck setzt sich langsam in Bewegung, und der große Gesang hebt an – und in meiner Trauer und trotz meiner Tränen wußte ich plötzlich, daß ich gar nichts verloren hatte, es ist ja in mir, und wenn ich die Augen schließe, sehe ich alles ganz deutlich.

Schlußnotiz

»Darum sei der Zöllner auch bedankt: / Er hat sie ihm abverlangt«: Mariam Lau hat die Serien »Genrekino« und »Lichtspiele« angezettelt, sie sind von August 1995 bis November 1997 in der *tageszeitung* erschienen. Die erste »Nörgelei« stand 1985 im *Merkur*, die letzte 1996. Dort ist 1991 auch der Ford-Essay erschienen. Alle Texte sind überarbeitet, die schlimmsten Wiederholungen wurden gestrichen. Die Schlußgeschichte fügt diese »Bruchstücke einer großen Konfession« (Goethe) zusammen, sie wurde 1995 für Michael Rutschkys *Der Alltag* verfaßt.

Film-Register

Abbott & Costello 9, 43, 207
Abschied von gestern 29
The Adventures of Tom Sawyer 81
Akibiyori (Spätherbst) 111
Alice in den Städten 144
Alice in Wonderland 49
All About Eve 73
All That Jazz 51 f.
American Graffiti 58
Angels With Dirty Faces 63
Animal Crackers 44
Anne of the Indies 213
At the Circus 83
The Awful Truth 107

Babe 119 ff.
Bambi 47, 214
The Band Wagon 53, 134
Die Bande des Schreckens 31
Banshun (Später Frühling) 111
The Barber Shop 89
Barry Lyndon 154, 187 f.
Beau Brummell 113
Bend of the River 17, 210
Il bidone 69
The Big Knife 122
The Big Trail 58
Bis ans Ende der Welt 151, 155 f.
The Black Shield of Falworth 24, 212
The Black Swan 91, 214
Der Blick des Odysseus 175 ff.
Blow Up 84
Blue Velvet 146
Body Double 146
Boy Meets Girl 64, 123
The Bride Came C.O.D 63
The Bridge on the River Kwai 78
Brief Encounter 76 f.
Bringing Up Baby 44, 79, 107 f., 129

Broadway Melody 52
Broken Arrow 17
Buffalo Bill and the Indians 165
Bus Stop 126
Butterfield 8 114

Cabaret 52
Casablanca 132
Casino 182 f.
Cat on a Hot Tin Roof 113
Charleys Tante 215
Christmas in July 95
Cinderella 48
The Circus 83
Circus World 83
Cleopatra 114
Cobra Verde 145, 150
The Cocoanuts 45
La collectionneuse 35
Conte d'hiver 37
The Crimson Pirate 203

Dances With Wolves 18, 201 f.
A Day at the Races 45
The Day of the Locust 165
The Deer Hunter 78
Denn das Weib ist schwach 105
...denn keiner ist ohne Schuld 105
Denn keiner ist ohne Sünde 105
Denn sie sollen getröstet werden 106
...denn sie wissen nicht, was sie tun 105
The Dentist 89
Desert Fury 70 f.
Destry Rides Again 17, 209 f.
Dick & Doof 9, 43, 207
Dirty Harry 40 f.
Django 17
La dolce vita 10
Donald Duck 48, 214

223

Das doppelte Lottchen 80
The Draughtsman's Contract 154
Drowning by Numbers 152
Duck Soup 44 f., 54
Duel in the Sun 72
Dumbo 48, 214

Ed Wood 19, 22 f.
Emil und die Detektive 80
The Enforcer 42
E.T. 79

Fantasia 49, 59
Farewell My Lovely 95
The Fatal Glass of Beer 45, 89
Father of the Bride 113
The FBI Story 39
La Femme de l'aviateur 37
First Knight 25
Das fliegende Klassenzimmer 80
Der Förster vom Silberwald 10, 215
Fort Apache 74, 198
Forty-Second Street 52, 95
Frauen sind doch bessere Diplomaten 205
Freddy, die Gitarre und das Meer 83
Freddy, Tiere, Sensationen 83
Freddy unter fremden Sternen 83
The French Connection 40 f.
The French Lieutenant's Woman 123
From Here to Eternity 132
Der Frosch mit der Maske 28
The Furies 72
Fuzzy 9, 16 f., 207, 211

Das Gasthaus an der Themse 32 f.
The Gay Divorcee 53, 62, 74, 120
Das Geheimnis der weißen Nonne 30
Giant 113
The Glenn Miller Story 19 f.

G-Men 39
The Godfather 59, 68 f., 85, 152, 180 ff.
Gold Diggers 52
Gone With the Wind 67, 131
GoodFellas 182 ff.
The Graduate 147 f.
Il grande silenzio (Leichen pflastern seinen Weg) 17
The Great McGinty 128
The Great Train Robbery 12
The Greatest Show on Earth 83
Die Gruft mit dem Rätselschloß 33
Grün ist die Heide 10, 33, 215
Der grüne Bogenschütze 33

Hail the Conquering Hero 129
Heartburn 147 ff.
Heaven Can Wait 204
Hellzapoppin 46, 90, 124
Here Comes Mr. Jordan 204
Der Hexer 33
High Noon 200
His Girl Friday 107
Hohe Tannen 10, 215
Hollywood Or Bust 83
Homerun 19, 22
Homo Faber 145

Im Lauf der Zeit 144
Irma la Douce 133
It's a Wonderful Life 118, 203
Ivanhoe 24, 62, 113, 213

Jungle Book 48

Kalle Blomquist 80
The Kentucky Fried Movie 26
King of Comedy 152
Knights of the Round Table 24
Kohayagawa-ke no aki (Der Herbst der Familie Kohayagawa) 111
König Drosselbart 9

The Lady Eve 74, 129
Lassie 113, 115
The Last Picture Show 220
Lawrence of Arabia 78, 133
The Legend of Lylah Clare 123
Liane, das Mädchen aus dem Urwald 92, 216
Liebe, Tanz und tausend Schlager 215
Liebes Tagebuch 37
The Lion King 47 f.
Little Big Man 18
Living in Oblivion 84
Luci del varietà 83

Die Mädels vom Immenhof 91, 215
Magnum Force 41
Mahler 85
The Major and the Minor 131
Man nannte ihn Hombre 105
Man nennt es Amore 105
The Man Who Shot Liberty Valance 17 f., 73, 191 ff., 211
Manhattan 85, 93, 203
The Mark of Zorro 213
Meet John Doe 116 ff.
Le Mépris 61
Il Mercenario 17, 192
Micky Maus 48
Midnight 58
Mighty Aphrodite 69
The Miracle of Morgan's Creek 129
The Misfits 73
Der Mönch mit der Peitsche 30
Mr. Deeds Goes to Town 118
Mr. Smith Goes to Washington 118
Mrs. Parker and the Vicious Circle 19 ff.
Mutiny on the Bounty 67, 92
My Dinner with André 37

Nachts im Grünen Kakadu 10, 215
Naked Gun 26

The Naked Spur 17
Nashville 165
Never Give a Sucker an Even Break 90, 124
Nicht versöhnt 33
A Night at the Opera 13
The Night of the Hunter 100 ff., 204
North by Northwest 108 f.
Le notti di Cabiria 69
Notorious 108
Nouvelle Vague 153
La nuit américaine 123, 149, 165
Les nuits de la pleine lune 37

Odd Man Out 126
The Old-Fashioned Way 90
One Hundred and One Dalmatians 48
Otto e mezzo 83, 122

The Palm Beach Story 129
Paris, Texas 139 ff., 145
A Passage to India 78
Pat & Patachon 9, 43, 207
Pauline à la plage 37
Peeping Tom 147, 156
Per un pugno di dollari 17
Persuasion 97
Peter Pan 48
The Pharmacist 89
The Philadelphia Story 107
The Piano 97, 175
The Player 165 ff.
Pocahontas 47 ff.
Pocketful of Miracles (Die unteren Zehntausend) 116, 204
Prince Valiant 24, 26, 212 f.
Prospero's Books 154
The Public Enemy 39, 63
Pünktchen und Anton 80
The Purple Rose of Cairo 156

Quer durch den Olivenhain 37

Radio Days 203
Rear Window 73, 156

Red River 17 f., 66, 193, 210, 220
Rendezvous en Paris 36
Rhapsody in Blue 19
Rio Bravo 17, 193
Riso amaro (Bitterer Reis) 10
The Roaring Twenties 63
Das Rosen-Resli 80

Samma no aji (Herbstnachmittag) 111
Scarface – Shame of a Nation 39
Der schwarze Abt 30
The Searchers 17, 66, 132, 191, 193, 211
Sense and Sensibility 98
Seven 170 ff.
She Wore a Yellow Ribbon 17
Silence of the Lambs 145 ff., 161 ff., 171 ff.
Singin' in the Rain 135
Snow White and the Seven Dwarfs 48
Soldier Blue 18
Some Like It Hot 132
Sommaren med Monika 81
Stagecoach 17, 73, 193
Der Stand der Dinge 122
Der starke Ferdinand 132
Der Stern von Afrika 216
The Strawberry Blonde 65
La strada 69, 83
Sullivan's Travels 74, 123, 129, 149
Sunset Boulevard 165

Taxi Driver 146
Des Teufels General 160
The Thin Man 79
The Third Man 32, 76
This Happy Breed 76 f.
Three Ring Circus 83
Der Tiger von Eschnapur 92
To Catch a Thief 108
Tokyo Monogatari 111
Tom & Jerry 48, 214
Top Hat 53, 62, 74
Die toten Augen von London 28

Touch of Evil 168 f.
Toute une nuit 58
Toxi 80
Trapeze 83
Die Tür mit den sieben Schlössern 33
Twister 106
2001: A Space Odyssey 51, 85 ff.
Tystnaden (Das Schweigen) 84

Ukigusa (Abschied in der Dämmerung) 111
Uncle Josh at the Moving Picture Show 156
Und dennoch leben sie 10, 105
Unforgiven 18
Der unheimliche Mönch 30

Vertigo 147

Wagonmaster 17
Waterworld 106
Way Out West 46
A Wedding 165
Wenn am Sonntagabend die Dorfmusik spielt 33
Wenn der Vater mit dem Sohne 79
What Price Hollywood? 61, 123
White Heat 39, 63
Who's Afraid of Virginia Woolf? 114
The Wild Bunch 18
Das Wirtshaus im Spessart 215
Wir Wunderkinder 92, 215
Wo die grünen Ameisen träumen 157
The World of Suzie Wong 114

Yankee Doodle Dandy 64
You Can't Cheat an Honest Man 84
Young Mr. Lincoln 66

Zimmer 13 33
Die Zürcher Verlobung 215
Zwerg Nase 9

Personen-Register

Abbott, Bud 43
Adorno, Theodor W. 144
Akerman, Chantal 58
Albee, Edward 114
Albers, Hans 215
Alexander, Peter 10, 215
Allen, Woody 66, 69, 85, 93, 156, 203
Altman, Robert 165 ff.
Ameche, Don 57
Anderson, »Bronco Billy« 17
Andrée, Ingrid 92
Angelopoulos, Theo 175 ff.
Antonioni, Michelangelo 84
Anzieu, Didier 68
Arbuckle, Fatty 45
Arent, Eddi 31 f., 218
Astaire, Fred 53 f., 62, 64, 67, 74, 119, 134, 159, 204
Astor, Mary 70
Augstein, Rudolf 141
Austen, Jane 98

Baal, Karin 30
Bach, Vivi 10, 104, 215
Bacon, Lloyd 123
Bardot, Brigitte 61
Barks, Carl 174
Barrymore, Drew 79
Beckenbauer, Franz 22
Benjamin, Walter 163 f., 201
Berber, Ady 31
Bergman, Ingmar 81, 85, 176
Berkeley, Busby 52 f.
Berlin, Irving 53
Berman, Pandro S. 60 ff.
Bernhardt, Sarah 89
Beuys, Joseph 89, 132, 174
Biederstaedt, Claus 104
Bloch, Ernst 54, 63
Blore, Eric 74
Bolz, Norbert 49

Böttcher, Martin 32
Borgnine, Ernest 132
Bracken, Eddi 130
Brando, Marlon 69, 92, 184 f.
Brandt, Willy 29
Brecht, Bertolt 29, 42
Brühl, Heidi 91
Buchka, Peter 142, 145, 177
Büchner, Georg 201
Burns, George 84
Burton, Richard 114 f.
Burton, Tim 22 f.

Cagney, James 39, 63 ff., 123, 185
Campion, Jane 97
Capra, Frank 116 ff., 128
Carey, Harry 73
Carey jun., Harry 73
Carson, Jack 65
Chamberlain, A. Neville 77
Chandler, Raymond 95
Chaplin, Charlie 43 f., 83, 164
Cimino, Michael 78
Cobb, Ty 22
Colbert, Claudette 57, 129
Connery, Sean 26
Cooks, Pam 10
Cooper, Gary 116 f.
Coppola, Francis Ford 140, 152, 181 ff.
Corey, Wendell 70 ff.
Cortez, Stanley 100
Costello, Lou 43
Costner, Kevin 201
Coward, Noël 76
Crabbe, Buster 16
Crawford, Joan 70
Crosby, Bing 43
Cukor, George 123
Curtis, Tony 24, 83, 212

Davis, Bette 63, 204
Dean, James 105
De Havilland, Olivia 65
De Niro, Robert 72, 183 ff.
De Palma, Brian 146
Demarest, William 74
DeMille, Cecil B. 60
Demme, Jonathan 145 ff., 161 ff., 171
Depp, Johnny 22
Deppe, Hans 33
Devine, Andy 73
DiCillo, Tom 84
Dietrich, Marlene 209
Disney, Walt 47 ff., 59
Dor, Karin 31, 218
Drache, Heinz 30 f., 218
Dreyfuss, Richard 58
Dumont, Margaret 44

Edward VII. 89
Ehrenstein, David 70
Einstein, Albert 158 f.

Fassbinder, Rainer Werner 218
Fellini, Federico 69, 122, 156
Ferrer, Mel 25
Fields, W.C. 44 f., 79, 84, 88 ff., 124
Fincher, David 170 ff.
Flegel, Georg 174
Flickenschildt, Elisabeth 31 f., 218
Flynn, Errol 9, 214
Fonda, Henry 66, 74, 129, 198
Fontaine, Joan 25
Ford, John 14, 17, 66, 73 f., 149, 164, 191 ff.
Fosse, Bob 51 f.
Foster, Hal 24, 212
Francesco, Silvio 215
Freud, Sigmund 147
Frisch, Max 145
Fritsch, Willy 205
Froboess, Conny 10
Fuchsberger, Joachim 30 f., 33, 218

Gable, Clark 70, 188
Gardner, Ava 25
Gere, Richard 25
Gernhardt, Robert 19, 174
Gershwin, George 19, 69
Gielgud, John 154
Gish, Lillian 101, 204
Godard, Jean-Luc 54, 61, 66, 97, 149 ff., 163, 218
Goldhagen, Daniel Jonah 28, 105
Goldwyn, Samuel 60
Gorbman, Claudia 68
Grafe, Frieda 158
Granger, Stewart 113
Grant, Cary 44, 107 ff., 129
Greeley, Horace 18, 194
Greenaway, Peter 149, 152 ff., 163, 174
Grey, Joel 52, 133
Griffith, David Wark 101
Grimm, Oliver 79
Großkurth, Kurt 74

Habermas, Jürgen 28, 120
Hackman, Gene 40
Hamilton, Ian 168
Handke, Peter 141
Hansen, Joachim 216
Hara, Setsuko 111
Hardy, Oliver 43, 45 f.
Hathaway, Henry 24
Hawks, Howard 17, 39, 44, 164, 193
Hayworth, Rita 65
Heller, André 80
Hemingway, Mariel 93
Hepburn, Audrey 92
Hepburn, Katharine 44, 69 f., 108
Herr, Trude 10
Herzog, Roman 32, 117, 132
Herzog, Werner 145, 157
Heston, Charlton 83
Hitchcock, Alfred 66, 108 f., 146 f., 149, 156, 164
Hodiak, John 70 f.
Hoffman, Dustin 147 f.

Hope, Bob 43
Horkheimer, Max 144
Horton, Edward Everett 53, 205
Howard, Trevor 76
Hudson, Rock 113
Huston, Walter 72

James, Henry 152
Jan und Kjeld 215
Jessen, Jens 178
Johns, Bibi 215
Johnson, Celia 76 f.
Johnson, Chic 124
Jones, Tommy Lee 22
Josephson, Erland 176
Jourdan, Louis 213
Jürgens, Curd 160

Kael, Pauline 76, 93, 100, 118, 192
Kaper, Bronislau 67
Kästner, Erich 80
Kaufmann, Christine 80
Keaton, Buster 45
Keeler, Ruby 52
Keitel, Harvey 175 ff.
Kelly, Gene 54, 65
Keystone Kops 45
Kiarostami, Abbas 37
Kilb, Andreas 151, 178
King, Martin Luther 118
Kinski, Klaus 31, 218
Kluge, Alexander 29, 82, 218
Koczian, Johanna von 92
Kohlhammer, Siegfried 111
Korngold, Erich Wolfgang 67, 69
Körte, Peter 177
Kracauer, Siegfried 48 f.
Krasker, Robert 76
Kraus, Karl 165
Kraus, Peter 10, 80
Kubrick, Stanley 66, 85 ff., 154, 187 f.
Kurosawa, Akira 110
Kwan, Nancy 114

La Rue, »Lash« 16
Lake, Veronica 129
Lancaster, Burt 70f., 83, 132, 203
Langdon, Harry 45
Langlois, Henri 176
Laughton, Charles 100 ff., 204
Laurel, Stan 43, 46
Lean, David 76 ff.
Ledinek, Stanislav 10, 31
Leigh, Janet 212
Leigh, Jennifer Jason 22
Leigh, Vivian 92
Leipnitz, Harald 104
Levant, Oscar 134
Levine, Joseph E. 61
Lewis, Jerry 9, 43, 83
Ligeti, Györgi 86
Lloyd, Harold 46
Logan, Joshua 126
Lollobrigida, Gina 83
Loren, Sophia 105
Lothar, Hanns 92
Lubitsch, Ernst 64, 128, 149
Lucas, George 58

Mahler, Gustav 67, 85
Malle, Louis 37
Mann, Anthony 17, 20, 72, 193
Mann, Thomas 83, 155, 175
Martin, Dean 9, 43
Marvin, Lee 194 ff.
Marx, Chico 44 ff.
Marx, Groucho 11, 44 f., 64, 66, 70, 83
Marx, Harpo 44 ff.
Mason, James 109, 125 f., 204, 213
May, Karl 29, 217
McCann, Graham 107
McCrea, Joel 123, 129
McLuhan, Marshall 94
Medved, Harry 22
Meissner, Angelika 91, 215
Michael, Marion 92, 216
Miles, Vera 193 ff.
Milland, Ray 131

Miller, Glenn 19 f.
Mitchum, Robert 95, 100 ff.
Monaco, James 61
Monroe, Marilyn 31, 126, 158, 188, 204
Moretti, Nanni 37
Muehl, Otto 173
Müller, Robby 143

Newman, Alfred 67
Newman, Paul 105, 113
Newton, Robert 77
Nichols, Mike 147 ff.
Nicholson, Jack 147 f.
Nicoletti, Susi 104
Nietzsche, Friedrich 16
Niewöhner, Heinrich 161 ff.
Novak, Kim 123

O'Brien, Pat 64
O'Connor, Donald 135
O'Hara, Maureen 91, 214
Olivier, Laurence 115
Olsen, Ole 124
O'Toole, Peter 133
Ozu, Yasujiro 37, 110 ff.

Pacino, Al 184 f.
Paget, Debra 92
Palance, Jack 122
Parker, Dorothy 21 f.
Patalas, Enno 49, 158
Peitz, Christiane 178
Pennick, Jack 74
Pesci, Joe 186
Peters, Jean 213
Peters, Werner 31
Philipp, Gunther 10
Philipsen, Preben 29
Ponti, Carlo 61
Porter, Cole 53
Potter, H.C. 124
Powell, Dick 95
Powell, Michael 147, 156
Power, Tyrone 91, 213 f.
Pynchon, Thomas 159

Quinn, Freddy 83

Rachmaninow, Sergej 77
Rahl, Mady 31
Rains, Claude 204
Rasp, Fritz 80
Reagan, Ronald 141
Reed, Carol 126
Reinl, Harald 28 f., 33, 218
Reisz, Karel 123
Reyer, Walter 92
Richie, Donald 110 ff.
Riefenstahl, Leni 155
Ritt, Martin 105
Ritter, Thelma 73
Rogers, Ginger 53, 62, 67, 131
Rohmer, Eric 35 ff.
Rökk, Marika 10, 205, 215
Roosevelt, Franklin D. 118
Rosolata, Guy 68
Rossen, Robert 70
Rota, Nino 69
Rozsa, Miklos 67, 69 f.
Rudolph, Alan 21
Rühmann, Heinz 79 f., 215
Russell, Ken 85
Rütting, Barbara 31, 104, 218
Ryu, Chishu 111

Saint, Eva Marie 108 f.
St. John, Al 16
Sarris, Andrew 117
Schanze, Michael 104
Scheider, Roy 51
Schell, Maria 155 f.
Schifferle, Hans 170 ff.
Schleef, Einar 173
Schlöndorff, Volker 145, 147
Schmidt, Arno 133, 162
Schorlemmer, Friedrich 88
Schürenberg, Siegfried 31, 218
Schumann, Walter 100
Scorsese, Martin 66, 152, 182 f.
Scott, Lizabeth 70 f.
Selznick, David O. 60, 81
Sennett, Mack 89

Shakespeare, William 134, 149, 154, 172
Shelton, Ron 22
Shepard, Sam 145
Sica, Vittorio de 105
Sima, Oskar 10, 74
Spielberg, Steven 149
Stanwyck, Barbara 72, 116 f., 129
Steeger, Ingrid 126
Steiger, Rod 123
Steiner, Max 67
Stewart, James 9, 17, 19 f., 39, 69 f., 72 f., 83, 191 ff., 209 ff.
Stone, Sharon 186
Straub, Jean-Marie 33, 149, 163, 187, 218
Strauß, Botho 85
Strauß, Franz Josef 40, 128, 164
Strauß, Johann 86
Strauss, Richard 85 f.
Streep, Meryl 147 f.
Sturges, Preston 66, 74, 123, 128 ff., 149
Sukowa, Barbara 145

Tarita 92
Taylor, Elizabeth 25, 113 ff.
Taylor, Robert 24 f.
Teller, Frieda 68
Thackeray, William Makepeace 187 f.
Thalberg, Irving 60
Thomas, Peter 32
Thompson, Emma 98
Thorpe, Richard 24
Tiomkin, Dimitri 67, 69
Toeplitz, Jerzy 48
Trooger, Margot 31
Truffaut, François 66, 123, 150, 165
Tschaikowsky, Peter 67
Tucholsky, Kurt 82

Valente, Caterina 10, 215
Vidal, Gore 133
Virilio, Paul 86, 158 f.

Vischer, Friedrich Theodor 39
Vogel, Peter 10
Vogel, Rudolf 10
Vohrer, Alfred 28 f., 33, 218

Wagner, Richard 67, 182
Wagner, Robert 24, 212 f.
Wallace, Edgar 10, 28 ff., 218
Walsh, Raoul 58
Walter, Martin 143
Warburg, Aby 161 f.
Waxman, Franz 67
Wayne, John 9, 17, 58, 83, 91, 191 ff., 204, 210 f., 214, 220
Weizsäcker, Richard von 40, 74, 106
Welles, Orson 168 f.
Wenders, Wim 122, 139 ff., 145, 151, 155 ff., 175 f.
Wendtland, Horst 29, 218
Wilder, Billy 131
Winters, Shelley 102
Wood, Ed 22

Zanuck, Darryl F. 60
Ziegfeld, Florenz 89
Zucker, Jerry 25, 46
Zuckmayer, Carl 160

Aus der Reihe Critica Diabolis

21. Hannah Arendt, Nach Auschwitz, 26.-DM
23. Hannah Arendt, Krise des Zionismus, 28.-DM
33. Wolfgang Pohrt, Das Jahr danach, 36.-DM
34. Robert Kurz, Potemkins Rückkehr, 30.-DM
35. Gerhard Henschel, Menschlich viel Fieses, 20.-DM
36. Eike Geisel, Die Banalität der Guten, 26.-DM
37. Bittermann (Hg.), Der rasende Mob, 24.-DM
40. Gerhard Henschel, Das Blöken der Lämmer, 26.-DM
44. Klaus Bittermann/Gerhard Henschel (Hg.),
    Das Wörterbuch des Gutmenschen Bd.1, 28.-DM
45. Bittermann (Hg.), Serbien muß sterbien, 28.-DM
46. Bittermann (Hg.), Identität und Wahn, 26.-DM
48. Gerhard Henschel, Falsche Freunde fürs Leben, 26.-DM
49. Peter Schneider, Wahrheit und Verdrängung, 32.-DM
50. Harry Mulisch, Die Zukunft von gestern, 38.-DM
51. F.W. Bernstein, Die Stunde der Männertränen, 28.-DM
52. Rebecca West, Gewächshaus mit Alpenveilchen, 32.-DM
53. Klaus Bittermann/Wiglaf Droste (Hg.)
    Das Wörterbuch des Gutmenschen Bd.2, 28.-DM
54. Wiglaf Droste, Brot und Gürtelrosen, 20.-DM
55. Wolfgang Pohrt, Theorie des Gebrauchswerts, 34.-DM
56. Mathias Wedel, Erich währt am längsten, 26.-DM
57. Georg Seeßlen, Natural Born Nazis, 28.-DM
58. Folckers/Solms (Hg.), Risiken und Nebenwirkungen, 32.- DM
59. Bittermann/Roth (Hg.), Wieder keine Anspielstation, 28.- DM
60. Guy Debord, Panegyrikus, 32.-DM
61. Albert Hefele, Grauenhafte Sportarten, 24.-DM
62. Susanne Fischer/Fanny Müller, Stadt Land Mord, 29.80 DM
63. Jane Kramer, Unter Deutschen, 44.-DM
64. Bittermann/Roth (Hg.), Das große Rhabarbern, 28.-DM
65. Guy Debord, Die Gesellschaft des Spektakels, 40.-DM
66. Fritz Eckenga, Kucken, ob's tropft, 24.-DM
67. Bittermann/Roth (Hg.), Sorge dich nicht, lese! 28.-DM
68. Wolfgang Pohrt, Brothers in Crime, 32.-DM
69. Mathias Wedel, Wie ich meine Kinder mißbrauchte, 22.-DM
70. Fanny Müller, Das fehlte noch! 28.-DM
71. Kay Sokolowsky, Sendestörung, ca. 26.-DM
72. Bittermann (Hg.), Das Who's who peinlicher Personen, 28.-DM
73. Robert Kurz, Dabeisein ist alles, ca. 24.-DM
74. Kurt Scheel, Ich & John Wayne, 39.80 DM
75. Eike Geisel, Triumph des guten Willens, ca. 26.-DM
76. Kahl/Schneider, Böse Mädchen kommen überall, ca. 24.-DM